빠알리 원전 번역

담마빠다

빠알리 원전 번역

담마빠다

DHAMMAPADA(법구경)

일아 옮김

한글 번역 • 영어 번역 • 빠알리 원문

불광출판사

Namo tassa bhagavato arahato sammāsambuddhassa

거룩한 분
존경받아 마땅한 분
바르게 깨달으신 분께
귀의합니다.

불교는 수행의 종교이다. 그것은 부처님의 수행과 깨달음에서 온 것이다. 부처님은 사람들에 대한 자비와 연민으로, 자신이 직접 체험한 깨달음의 진리를 제자들과 사람들에게 전하였다. 부처님은 그 당시 가장 크고 영향력 있는 교단의 수장으로서 바쁜 일상에서도 명상 수행을 통하여 깨달음의 진리를 반추하셨다. "나는 보름 동안 홀로 명상하고자 한다." 명상 후에 부처님은 말씀하셨다. "나는 내가 예전에 온전한 깨달음을 얻었을 때에 느꼈던 그런 깨달음을 다시 체험하였다. 즉 잘못된 견해에서 오는 잘못된 현상들과, 바른 견해에서 오는 바른 현상들을 알게 되었다."(상윳따니까야 45-11). 부처님 뒤에는 깨달음의 보리수가 있고 후광은 깨달음의 빛이다. 이와 같은 깨달음에서 오는 주옥과 같은 부처님의 가르침을 이 책에서 음미해보자.

머리말

담마빠다(Dhammapada)는 '법구경'으로 잘 알려져 있다. 담마빠다는 가장 고층에 속하고 가장 원형에 가깝고, 샘물처럼 순수하고 맑아 감명을 주는 경전이다. 그래서 불교 경전 중에서 가장 많은 나라말로 읽히고 있고, 영어 번역 판본만 해도 100여 개가 넘을 정도이다.

담마빠다의 매 게송은 진리의 정수로 응축되어 있어, 단순하고 짧은 게송 속에 감동적인 뜻을 담고 있다. 그리고 그 내용이 마치 격언이나 금언처럼 보편타당성이 있는 진리의 가르침이기에 성별, 나이, 종교, 직업, 학식, 지위를 초월하여 어느 누구에게나 감동을 준다.

이 책은 담마빠다 빠알리 원전의 번역본이며 다음과 같은 특징이 있다. 첫째, 직역을 하듯이 단어 하나하나에 주의를 기울여 원문의 뜻을 그대로 번역하고 불필요한 첨삭을 철저히 배제하였다. 다만 뜻이 잘 전달되지 않는 경우에만 드물게 의역을 하였다. 둘째, 빠알리 원문을 함께 실어 초기불교를 공부하는 이들에게 도움이 되고자 하였다. 셋째, 영어 번역을 함께 실어 젊은이들이 불교를 영어로 쉽게 접할 수 있도록 하였다. 넷째, 가방에 넣고 다니면서 버스나 전

철 기다리는 시간 등 자투리 시간에 짬짬이 읽을 수 있도록 얇고 가볍게 만들었다. 다섯째, 어려운 불교 용어의 이해를 돕는 주석을 달았다. 여섯째, 담마빠다의 폭 넓은 이해를 위하여 자세한 정보를 부록으로 실었다.

제목인 담마빠다(Dhammapada)는 '담마(Dhamma)'와 '빠다(pada)'의 합성어로, '진리의 말씀'으로 번역할 수 있다. 담마빠다는 423개의 게송으로 되어 있고 같은 주제끼리 모아 26개의 장으로 나누어진다.

지금까지 담마빠다는 한문이나 일본어, 영어로 번역된 것을 우리말로 다시 번역한 것이 대다수였고, 빠알리 원전을 번역한 책들은 주석서의 이야기들을 첨가하여 아주 방대하거나 전문 학술서 성격이 짙어 일반인이 쉽게 접하기 어려운 사정이 있었다. 그래서 누구나 쉽게 접할 수 있는 원전 번역 출판이 시급하다고 생각했고, 드디어 이 책을 출판하게 되었다.

담마빠다의 진리의 향기가 이 책을 읽는 모든 이들에게 기쁨과 행복의 향기가 되기를 기원드린다.

2014년 1월 옮긴이

차례

◎ 머리말

1장 쌍(Yamaka Vagga) _ 13
2장 깨어 있음(Appamāda Vagga) _ 23
3장 마음(Citta Vagga) _ 29
4장 꽃(Puppha vagga) _ 34
5장 어리석은 사람(Bāla Vagga) _ 41
6장 지혜로운 사람(Paṇḍita Vagga) _ 48
7장 아라한(Arahanta Vagga) _ 55
8장 일 천(一千, Sahassa Vagga) _ 60
9장 악(Pāpa Vagga) _ 67
10장 폭력(Daṇḍa Vagga) _ 73
11장 늙음(Jarā Vagga) _ 80
12장 자기(Atta Vagga) _ 85
13장 세상(Loka Vagga) _ 90
14장 붓다(Buddha Vagga) _ 96

15장 행복(Sukha Vagga) _ 103
16장 애정(Piya Vagga) _ 109
17장 성냄(Kodha Vagga) _ 115
18장 더러움(Mala Vagga) _ 122
19장 진리에 서 있는 사람(Dhammaṭṭha Vagga) _ 131
20장 길(Magga Vagga) _ 139
21장 여러 가지(Pakiṇṇaka Vagga) _ 147
22장 지옥(Niraya Vagga) _ 154
23장 코끼리(Nāga Vagga) _ 160
24장 갈애(Taṇhā Vagga) _ 167
25장 비구(Bhikkhu Vagga) _ 179
26장 브라흐마나(Brāhmaṇa Vagga) _ 189

◎ 부록: 담마빠다 이해를 위한 배경 설명 _ 207
◎ 주석 _ 217

일러두기

1. 번역에 사용된 원전은 영국 빠알리성전협회(Pali Text Society)의 로마자 본을 사용하되 그 외에 나라다(Narada) 장로, 미얀마 삼장협회, 여러 장로 비구의 원문, 존 로스 카터(John Ross Carter), 하리샨드라 카비라트나(Harischandra Kaviratna), 특히 스리랑카의 장로 비구들의 원문을 대조하여 정확성을 기하였다.

2. 본서는 주석서의 설명이 붙여지기 이전의 부처님의 진정한 뜻을 찾기에 고심하였다. 그래서 문장의 수려한 흐름보다는 원문 단어 하나하나의 뜻을 순수 소박하게 그대로 표현하려고 최대한 노력하였다.

3. 게송 번역에서 원문만으로 뜻이 불충분할 때는, 이해하기 쉽도록 하기 위하여 괄호를 하고 원문에는 없는 간단한 보충어를 첨가하였다.

4. 문법에 따라 번역하다보면 한글 표현이 너무 어색할 때가 있는데 이런 때는 진정한 의미 전달 쪽으로 번역하였다.

5. 영어 번역도 한글 번역에 일치하면서도 쉬운 영어 문장이 되도록 세심한 주의를 기울였다. 그래서 한글과 영어를 서로 대조하며 영어를 공부하는 데 도움이 되도록 하였다.

6. 영어로 번역된 담마빠다는 100여 종이 넘는 상황이다. 이 중에서 인지도가 높은 번역들을 선별하여 참조하였다.

1장

쌍[1]

Yamaka Vagga

1 모든 것[2]은 마음이 앞서 가고,
마음은 가장 중요하고
(모든 것은) 마음에서 만들어진다.
만일 나쁜 마음으로 말하거나 행동하면
그로 인해 괴로움이 그를 따른다.
수레바퀴가 끄는 소의 발굽을 따르듯이.

The mind precedes All things; mind is chief; (all things) are mind-made. If one speaks or acts with evil mind, thence suffering follows him just as the wheel follows the hoof of the draft ox.

Manopubbaṅgamā dhammā | manoseṭṭhā | manomayā | manasā ce paduṭṭhena | bhāsati vā karoti vā | tato naṃ dukkham anveti | cakkaṃ va vahato padaṃ.

2 모든 것은 마음이 앞서 가고,
마음은 가장 중요하고
(모든 것은) 마음에서 만들어진다.
만일 깨끗한 마음으로 말하거나 행동하면
그로 인해 행복이 그를 따른다,
그림자가 떠나지 않듯이.

The mind precedes all things; mind is chief; (all things) are mind-made. If one speaks or acts with a pure mind, thence, happiness follows him like a shadow that never leaves him.
Manopubbaṅgamā dhammā | manoseṭṭhā manomayā | manasā ce pasannena | bhasati vā karoti vā | tato naṃ sukham anveti | chāyā va anapāyinī.

3 '그는 나를 욕했다, 그는 나를 때렸다,
그는 나를 이겼다, 그는 내 것을 빼앗았다.'라고
이런 생각을 품는 사람들의
증오는 사라지지 않는다.

"He abused me, he beat me, he defeated me, he robbed my belongings," in those who harbor such thoughts hatred is not appeased.
Akkocchi maṃ avadhi maṃ | ajini maṃ, ahāsi me | ye taṃ

upanayhanti | veraṃ tesaṃ na sammati.

4 '그는 나를 욕했다, 그는 나를 때렸다,
그는 나를 이겼다, 그는 내 것을 빼앗았다.'라고
이런 생각을 품지 않는 사람들의
증오는 사라진다.

"He abused me, he beat me, he defeated me, he robbed my belongings," in those who do not harbor such thoughts hatred is appeased.
Akkocchi maṃ avadhi maṃ | ajini maṃ ahāsi me | ye taṃ na upanayhanti | veraṃ tesūpasammati.

5 이 세상에서 원한은 원한에 의해서는
결코 풀리지 않는다.
원한을 버림으로써 풀린다.
이것은 영원한 진리이다.

Hatred is never appeased by hatred in this world. It is appeased only by the absence of hatred. This is an eternal Truth.
Na hi verena verāni | sammantīdha kudācanaṃ | averena ca sammanti | esa dhammo sanantano.

6 우리들이 여기(싸움)에서 죽는다는 것을
다른 사람들은 알지 못한다.
그러나 그것을 아는 사람들은

그로 인해 싸움은 그친다.

The others know not that in this quarrel we must die. But those of them who realize it, have their quarrels calmed thereby.
Pare ca na vijānanti | mayam ettha yamāmase | ye ca tattha vijānanti | tato sammanti medhagā.

7 쾌락을 추구하면서 살고,
감각기관을 다스리지 못하고,
먹는 데 적당량을 모르고,
게으르고, 노력에 열성이 없는 사람은
바람이 연약한 나무를 쓰러뜨리듯이
악마가 그를 정복한다.

He who lives contemplating pleasant things, who is uncontrolled in his senses, immoderate in food, and is lazy and lacking in energy, him māra conquers, just as the wind throws down a weak tree.
Subhānupassiṃ viharantaṃ | indriyesu asaṃvutaṃ | bhojanamhi amattaññuṃ | kusītaṃ hīnavīriyaṃ | taṃ ve pasahati māro | vāto rukkhaṃ va dubbalaṃ.

8 (육신의) 더러움에 주의를 기울이며 살고,
감각기관을 잘 다스리고,
먹는 데 적당량을 알고,
신뢰가 있고, 노력에 열성이 있는 사람은
바람이 바위산을 무너뜨리지 못하듯이,

악마가 그를 정복하지 못한다.

He who lives contemplating 'the impurities (of the body),' who is well-controlled in his senses, moderate in food, and is confidential and strenuous effort, him māra conquers not, just as the wind cannot demolish a rocky mountain.
Asubhānupassiṃ viharantaṃ | indriyesu susaṃvutaṃ | bhojanamhi ca mattaññuṃ | saddhaṃ āraddhavīriyaṃ | taṃ ve nappasahati māro | vāto selam'va pabbataṃ.

9 더러움에서 벗어나지 못하고,
자아 절제와 진실이 없는 사람이
가사를 입는다면
그는 가사를 입을 자격이 없다.

Whoever, not freed from stain, who is devoid of self-restraint and truthfulness, will don the yellow robe, is indeed not worthy of the yellow robe.
Anikkasāvo kāsāvaṃ | yo vatthaṃ paridahessati | apeto damasaccena | na so kāsāvam arahati.

10 더러움을 쓸어버리고
계행에 잘 머무르고,
자아 절제와 진실을 갖춘 사람은
참으로 그는 가사를 입을 자격이 있다.

He who would be purged of all stain, firmly established in moral precepts, possessed of self-restraint and truthfulness, is indeed fit

for the yellow robe.
Yo ca vantakasāv'assa | sīlesu susamāhito | upeto damasaccena | sa ve kāsāvam arahati.

11 본질 아닌 것을 본질로 생각하고
본질을 본질 아닌 것으로 보는 사람들은
본질에 이르지 못한다,
잘못된 생각의 영역에 머무르기에.

Those who consider the nonessential as essential, and see the essential as nonessential, never arrive at the essential, because they abide in the pastures of wrong thought.
Asāre sāramatino | sāre cāsāradassino | te sāraṃ nādhigacchanti | micchāsaṅkappagocarā.

12 본질을 본질로,
본질 아닌 것을 본질 아닌 것으로 알면
그들은 본질에 이른다,
바른 생각의 영역에 머무르기에.

If they recognize the essential as essential and the unessential as unessential, they arrive at the essential, because they abide in the pastures of right thought.
Sārañ ca sārato ñatvā | asārañ ca asārato | te sāraṃ adhigacchanti | gocarā.

13 지붕이 부실하게 이어진 집에

비가 스며들듯이
이처럼 수행되지 않은 마음에
욕망이 스며든다.

As the rain penetrates an ill-thatched house, so does passion penetrate an undisciplined mind.
Yathā agāraṃ ducchannaṃ | vuṭṭhi samativijjhati | evaṃ abhāvitaṃ cittaṃ | rāgo samativijjhati.

14 지붕이 잘 이어진 집에
비가 새지 않듯이,
이처럼 잘 수행된 마음에
욕망은 스며들지 않는다.

As the rain does not penetrate a well-thatched house, so does passion not penetrate a well disciplined mind.
Yathā agāraṃ succhannaṃ | vuṭṭhi na samativijjhati | evaṃ subhāvitaṃ cittaṃ | rāgo na samativijjhati.

15 그는 이 세상에서 슬퍼하고,
저 세상에서 슬퍼한다.
악을 지은 자는 두 세상에서 슬퍼한다.
자신의 행동의 더러움을 보고
그는 슬퍼하고 괴로워한다.

In this world he grieves, in the next world he grieves; the evil-doer grieves in both worlds. He grieves and is afflicted, perceiving the

impurity of his own deeds.
Idha socati pecca socati | pāpakārī ubhayattha socati | so socati so vihaññati | disvā kammakiliṭṭham attano.

16 그는 이 세상에서 기뻐하고,
저 세상에서 기뻐한다.
선을 지은 사람은 두 세상에서 기뻐한다.
자신의 행동의 깨끗함을 보고
그는 기뻐하고 더욱더 즐거워한다.

In this world he rejoices, in the next world he rejoices; the well-doer rejoices in both worlds. He rejoices, exceedingly rejoices, perceiving the purity of his own deeds.
Idha modati pecca modati | katapuñño ubhayattha modati | so modati so pamodati | disvā kammavisuddhimattano.

17 그는 이 세상에서 괴로워하고,
저 세상에서 괴로워한다.
악을 지은 자는 두 세상에서 괴로워한다.
'내가 악을 지었구나.' 하고 괴로워하고
불행한 곳에 가서는 더욱더 괴로워한다.

In this world he suffers, in the next world he suffers. The evil-doer suffers in both worlds. "Evil have I done" (thinking thus), he suffers. Furthermore, he suffers, having gone to a woeful state.
Idha tappati pecca tappati | pāpakārī ubhayattha tappati | pāpaṃ me katan ti tappati | bhiyyo tappati duggatiṃ gato.

18 그는 이 세상에서 기뻐하고,
저 세상에서 기뻐한다.
선을 지은 사람은 두 세상에서 기뻐한다.
'내가 선을 지었구나.' 하고 기뻐하고
좋은 곳에 가서는 더욱더 기뻐한다.

In this world he rejoices, in the next world he rejoices. The well-doer rejoices in both world. "Good have I done" (thinking thus), he rejoices. Furthermore, he rejoices, having gone to a blissful state.
Idha nandati pecca nandati | katapuñño ubhayattha nandati | puññaṃ me katan ti nandati | bhiyyo nandati suggatiṃ gato.

19 비록 많은 경전을 외운다 해도,
그에 따라 행하지 않는 방일한 사람은
다른 사람의 소만 세는 목동과 같아서
그는 청정한 삶의 (결실을) 나누지 못한다.

Though much he recites the Sacred Texts, but acts not accordingly, that heedless man is like a cowherd who only counts others' cows; he has no share in the fruits of the Holy Life.
Bahum pi ce sahitaṃ bhāsamāno | na takkaro hoti naro pamatto | gopo va gāvo gaṇayaṃ paresaṃ | na bhāgavā sāmaññassa hoti.

20 비록 경전을 조금밖에 외우지 못하더라도
가르침에 따라 살고
욕망과 성냄과 어리석음을 버리고

올바로 알고, 마음을 온전히 해탈하여
이 세상이나 저 세상에 집착하지 않으면
그는 청정한 삶의 (결실을) 나눈다.

Though little he recites the Sacred Texts, but lives in accordance with the Teaching, forsaking passion, anger, and ignorance, truly knowing, with mind well freed, clinging to naught in this world and in the other world, he shares the fruits of the Holy Life.
Appam pi ce sahitaṃ bhāsamāno | dhammassa hoti anudhammacārī | rāgañ ca dosañ ca pahāya mohaṃ | sammappajāno suvimuttacitto | anupādiyāno idha vā huraṃ vā | sa bhāgavā sāmaññassa hoti.

2장

깨어 있음[3]

Appamāda Vagga

21 깨어 있음은 불사[4]의 길이며
깨어 있지 못함은 죽음의 길이다.
깨어 있는 사람들은 죽지 않지만
깨어 있지 못한 사람들은 죽은 자와 같다.

Heedfulness is the path to the deathless, heedlessness is the path to death. The heedful do not die, the heedless are like unto the dead.

Appamādo amatapadaṃ | pamādo maccuno padaṃ | appamattā na mīyanti | ye pamattā yathāmatā.

22 이 (다름을) 분명히 알고서
깨어 있는 지혜로운 사람들은
고귀한 분들의 경지에서 즐기며
깨어 있음을 기뻐한다.

Distinctly understanding this (difference), those who are wise in awareness rejoice in heedfulness, delighting in the pasture of the noble ones.
Etaṃ visesato ñatvā | appamādamhi paṇḍitā | appamāde pamodanti | ariyānaṃ gocare ratā.

23 명상에 들고, 인내하고,
항상 열심히 노력하는 지혜로운 사람들은
속박에서 벗어난 최상의 경지인
열반[5]을 성취한다.

The meditative, persevering, the ever steadfastly striving wise ones realize Nibbāna which is free from bonds, the highest state.
Te jhāyino sātatikā | niccaṃ daḷhaparakkamā | phusanti dhīrā Nibbānaṃ | yogakkhemaṃ anuttaraṃ.

24 열심히 노력하고, 주의 깊고,
행동이 깨끗하고, 사려 깊고,
절제하고, 바르게 살고,
깨어 있는 사람에게 영예는 꾸준히 늘어난다.

The glory steadily increases for the one who exerts himself, is

mindful, pure in deed, considerate, self-controlled, right-living, and heedful.
Uṭṭhānavato satimato | sucikammassa nisammakārino | saṃyatassa ca dhammajīvino | appamattassa yaso'bhivaḍḍhati.

25 노력에 의해, 깨어 있음에 의해,
절제에 의해, 그리고 자기 다스림에 의해
지혜로운 사람은 홍수가 휩쓸어 가지 않을
섬을 만들어야 한다.

By effort, by heedfulness, by restraint and self-control, the wise man should make an island, which no flood overwhelms.
Uṭṭhānen' appamādena | saṃyamena damena ca | dīpaṃ kayirātha medhāvi | yaṃ ogho nābhikīrati.

26 지혜가 모자란 사람들, 어리석은 사람들은
깨어 있지 못함에 빠진다.
그러나 지혜로운 사람은 깨어 있음을 지킨다.
마치 굉장한 보물처럼.

People deficient in wisdom, foolish folk indulge in heedlessness; but the wise one guards heedfulness as the greatest treasure.
Pamādam anuyuñjanti | bālā dummedhino janā | appamādañ ca medhāvī | dhanaṃ seṭṭhaṃ va rakkhati.

27 깨어 있지 못함에 빠지지 말라.

감각적 쾌락과의 친교를 갖지 말라.
깨어 있고 선정에 드는 사람은
큰 행복을 얻는다.

Indulge not in heedlessness; have no intimacy with sensuous delights. The heedful, meditative person obtains abundant happiness.
Mā pamādam anuyuñjetha | mā kāmaratisanthavaṃ | appamatto hi jhāyanto | pappoti vipulaṃ sukhaṃ.

28 지혜로운 사람이
깨어 있음으로 깨어 있지 못함을 쫓아버릴 때,
슬픔이 없는 분은 지혜의 망루에 올라
슬퍼하는 사람들을 바라본다.
마치 산꼭대기에 서 있는 사람이
땅 위에 있는 사람들을 바라보듯이.

When the wise one dispels heedlessness by heedfulness, he, free from sorrow, ascends to the high tower of wisdom and beholds the sorrowing folk as one standing on a mountain beholds those standing on the ground.
Pamādaṃ appamādena | yadā nudati paṇdito | paññapāsādam āruyha | asoko sokiniṃ pajaṃ | pabbataṭṭho va bhummaṭṭhe | dhīro bāle avekkhati.

29 깨어 있지 못한 사람 가운데 깨어 있는,
잠든 사람들 가운데 크게 깨어 있는 지혜로운 사람은,

빠른 말이 약한 말을 제치듯이
앞으로 나아간다.

The heedful amongst the heedless, the wide awake amongst the sleepy, the wise man advances as a swift horse leaving a weak jade behind.
Appamatto pamattesu | suttesu bahujāgaro | abalassaṃ va sīghasso | hitvā yāti sumedhaso.

30 인드라는 깨어 있음에 의해
신들의 으뜸이 되었다.
깨어 있음은 칭찬을 받고
깨어 있지 못함은 항상 비난을 받는다.

By heedfulness Indra became the chief of the gods. Heedfulness is praised; heedlessness is ever despised.
Appamādena Maghavā | devānaṃ seṭṭhataṃ gato | appamādaṃ pasaṃsanti | pamādo garahito sadā.

31 깨어 있음을 기뻐하고
깨어 있지 못함의 두려움을 보는 비구는,
크고 작은 속박을 태우면서
불같이 나아간다.

The Bhikkhu who delights in heedfulness, and looks with fear on heedlessness, advances like fire, burning fetters, great and small.
Appamādarato bhikkhu | pamāde bhayadassi vā | saṃyojanaṃ aṇuṃ thūlaṃ | ḍahaṃ aggī'va gacchati.

32 깨어 있음을 즐거워하고,
깨어 있지 못함의 두려움을 보는 비구는
퇴보할 수 없다.
그는 열반의 가까이에 있다.

The Bhikkhu who delights in heedfulness, and looks with fear on heedlessness, is not liable to fall. He is close to Nibbāna.
Appamādarato bhikkhu | pamāde bhayadassi vā | abhabbo parihānāya | Nibbānass'eva santike.

3장

마음

Citta Vagga

33 흔들리고, 변덕스러운 마음,
지키기 어렵고, 다스리기 어렵다.
지혜로운 사람은 (이 마음을) 곧게 한다,
화살 만드는 사람이 화살대를 곧게 하듯이.

The flickering, fickle mind, difficult to guard, difficult to control — the wise man straightens (this mind) as a fletcher straightens an arrow shaft.
Phandanaṃ capalaṃ cittaṃ | dūrakkhaṃ dunnivārayaṃ | ujuṃ karoti medhāvī | usukāro va tejanaṃ.

34 물에서 잡혀
땅에 던져진 물고기처럼
이 마음은 펄떡거린다,
악마의 손아귀에서 벗어나기 위하여.

Like a fish that is drawn from its watery abode and thrown upon land, even so does this mind flutter to escape Māra's sway.
Vārijo'va thale khitto | okamokata ubbhato | pariphandati'daṃ cittaṃ | Māradheyyaṃ pahātave.

35 (마음은) 다스리기 어렵고 재빠르고,
좋아하는 곳에는 어디에든 내려앉는다.
(이런) 마음을 길들이는 것은 좋은 일이다.
길들여진 마음은 행복을 가져온다.

The mind is hard to control, swift, it lands wherever it pleases. It is good to tame the mind. A tamed mind brings happiness.
Dunniggahassa lahuno | yatthakāmanipātino | cittassa damatho sādhu | cittaṃ dantaṃ sukhāvahaṃ.

36 (마음은) 매우 보기 어렵고 아주 미묘하고,
좋아하는 곳에는 어디에든 내려앉는다.
지혜로운 사람은 마음을 지켜야 한다.
지켜진 마음은 행복을 가져온다.

The mind is very hard to see, extremely subtle, it lands wherever it pleases. The wise person should guard the mind. A guarded mind

brings happiness.
Sududdasaṃ sunipuṇaṃ | yatthakāmanipātinaṃ | cittaṃ rakkhetha medhāvi | cittaṃ guttaṃ sukhāvahaṃ.

37 멀리 가고, 홀로 다니고,
육신도 없고, 동굴(심장)에 사는
마음을 절제하는 사람들은
악마의 속박에서 벗어난다.

Those who control the mind which fares far, wanders alone, bodiless, and which resides in the cave, are released from Māra's bonds.
Dūraṅgamaṃ ekacaraṃ | asarīraṃ guhāsayaṃ | ye cittaṃ saṃyamessanti | mokkhanti mārabandhanā.

38 마음이 안정되지 못하고
참된 가르침을 알지 못하고
평온이 흔들린다면
지혜는 완성되지 못한다.

To him whose mind is not steadfast, who knows not the true dhamma, whose serenity wavers — the wisdom does not come to fullness.
Anavaṭṭhitacittassa | saddhammaṃ avijānato | pariplavapasādassa | paññā na paripūrati.

39 그의 마음이 (욕망에) 물들지 않고

(증오에) 영향 받지 않고
선과 악을 떠난 사람
(그런) 깨어 있는 사람에게 두려움은 없다.

He whose mind is not soaked (by passion), he who is not affected (by hatred), he who has gone beyond both good and evil — to such a heedfulness one, there is no fear.
Anavassutacittassa | ananvāhatacetaso | puññapāpapahīnassa | natthi jāgarato bhayaṃ.

40 이 몸을 항아리처럼 (깨지기 쉬운 줄) 알고
이 마음을 요새처럼 (굳건히) 세우고
지혜의 무기로 악마와 싸워라.
(싸워) 이긴 것을 지켜라, 그리고 집착은 하지 말라.

Realizing that this body is as fragile as a jar, establishing this mind as firm as a citadel, he should fight Māra with the weapon of wisdom. He should guard what he has won — and be unattached.
Kumbhūpamaṃ kāyamimaṃ viditvā | nagarūpamaṃ cittam idaṃ ṭhapetvā | yodhetha māraṃ paññāvudhena | jitañca rakkhe anivesano siyā.

41 아, 머지않아 이 몸은
땅 위에 누우리라.
쓸모없는 나무토막처럼
의식 없이 버려진 채.

Before long, alas! this body will lie upon the ground, cast aside,

devoid of consciousness, as a useless log.
Aciraṃ vat'ayaṃ kāyo | paṭhaviṃ adhisessati | chuddho apetaviññaṇo | niratthaṃ va kaḷingaraṃ.

42 무엇이든 (해를) 적은 적에게 행하고,
증오하는 사람은 증오하는 사람에게 행할 것이다.
(그러나) 잘못 방향 잡은 마음은
훨씬 더 나쁜 (해를) 그에게 행할 것이다.

Whatever harm a foe may do to a foe, or a hater to a hater, but an ill-directed mind may do far greater harm to him.
Diso disaṃ yaṃ taṃ kayirā | verī vā pana verinaṃ | micchāpaṇihitaṃ cittaṃ | pāpiyo naṃ tato kare.

43 어머니도, 아버지도, 다른 친척들도
잘 방향 잡은 마음이 그에게
줄 수 있는 것보다
더 큰 이익을 줄 수 없다.

Neither mother nor father, nor any other relative, can confer greater benefit than does the well-directed mind.
Na taṃ mātā pitā kayirā | aññe vā pi ca ñātakā | sammāpaṇihitaṃ cittaṃ | seyyaso naṃ tato kare.

4장

꽃

Puppha vagga

44 누가 이 지구와, 야마의 왕국과,
이 세상과 신들의 세계를 함께 정복할까?
(꽃) 전문가가 꽃을 따듯이
누가 잘 설해진 '진리의 말씀'을 딸까?

Who shall conquer this earth, and the realm of Yama, and this world together with the world of the gods? Who shall pluck the well-taught 'Words of Truth' as an expert would pluck flowers?
Ko imaṃ paṭhaviṃ vijessati | yamalokañ ca imaṃ sadevakaṃ | ko dhammapadaṃ sudesitaṃ | kusalo puppham iva pacessati.

45 학인[6]이 이 지구와, 야마의 왕국과,
이 세상과 신들의 세계를 함께 정복할 것이다.
(꽃) 전문가가 꽃을 따듯이
학인이 잘 설해진 진리의 말씀을 딸 것이다.

The Sekha shall conquer this earth and the realm of Yama and this world together with the world of the gods. The Sekha shall pluck the well-taught 'words of Truth,' as an expert would pluck flowers.
Sekho paṭhaviṃ vijessati | yamalokañ ca imaṃ sadevakaṃ | sekho dhammapadaṃ sudesitaṃ | kusalo puppham iva pacessati.

46 이 몸은 물거품 같다고 알고,
아지랑이 본성을 깨닫고,
악마의 꽃 화살을 부수어버리고
죽음의 왕의 시야 그 너머로 가리라.

Knowing that this body is like foam, and comprehending its mirage nature, and having broken the flower-arrows of Māra, one may go beyond the sight of the King of Death.
Pheṇūpamaṃ kāyamimaṃ viditvā | marīcidhammaṃ abhisambudhāno | chetvāna mārassa papupphakāni | adassanaṃ maccurājassa gacche.

47 오직 (쾌락의) 꽃을 따는
집착된 마음의 사람을
죽음은 잡아간다,
홍수가 잠든 마을을 휩쓸어 가듯이.

Death takes away the man with attached mind, who plucks only pleasurable flowers, like a flood carries off a sleeping village.
Pupphāni h'eva pacinantaṃ | byāsattamanasaṃ naraṃ | suttaṃ gāmaṃ mahogho'va | maccu ādāya gacchati.

48 오직 (쾌락의) 꽃을 따는
집착된 마음의 사람을
악마가 지배한다,
쾌락이 채워지기도 전에.

The Māra overpowers the man with attached mind, who plucks only pleasurable flowers, even before his pleasures are satiated.
Puppāhni h'eva pacinantaṃ | byāsattamanasaṃ naraṃ | atittaṃ yeva kāmesu | antako kurute vasaṃ.

49 벌이 꽃의 색깔이나 향기는 다치지 않고
꿀만 따가지고 날아가듯이
이처럼 성자는 마을에서 유행해야 하리.

As the bee takes away only the honey, and departs from the flower without harming its color or fragrance, even so may the sage wander in the village.
Yathā pi bhamaro pupphaṃ | vaṇṇagandhaṃ aheṭhayaṃ | paleti rasam ādāya | evaṃ gāme munī care.

50 남의 허물을 찾지 말라.
남의 한 일과 하지 않은 일을 상관하지 말라.

다만 자신의 한 일과
하지 않은 일을 살피라.

Let none find fault with others; let none consider what others have and have not done; rather should he consider what he has done and has not done.
Na paresaṃ vilomāni | na paresaṃ katākataṃ | attano va avekkheyya | katāni akatāni ca.

51 빛깔이 곱지만 향기가 없는
아름다운 꽃처럼,
잘 설해진 말도 행하지 않는 사람에게는
열매가 없다.

Like a beautiful flower that is full of color but is scentless, even so fruitless is the well-spoken word of one who does not practice it.
Yathāpi ruciraṃ pupphaṃ | vaṇṇavantaṃ agandhakaṃ | evaṃ subhāsita vācā | aphalā hoti akubbato.

52 빛깔이 곱고, 향기도 있는
아름다운 꽃처럼,
잘 설해진 말도 행하는 사람에게는
열매가 있다.

Like a beautiful flower that is full of color and fragrance, even so fruitful is the well-spoken word of one who practices it.
Yathāpi ruciraṃ pupphaṃ | vaṇṇavantaṃ sagandhakaṃ | evaṃ subhāsitā vācā | saphalā hoti kubbato.

53 꽃들의 무더기에서
많은 화환을 만들 수 있듯이
이처럼 죽기 마련으로 태어나서
많은 선을 지어야 하리.

As from a heap of flowers many a garland can be made, even so many good deeds should be done by one born a mortal.
Yathā pi puppharāsimhā | kayirā mālāguṇe bahū | evaṃ jātena maccena | kattabbaṃ kusalaṃ bahuṃ.

54 꽃향기는 바람을 거슬러 가지 않는다.
전단향도, 따가라 향도, 말리까 향도 마찬가지,
그러나 덕이 높은 사람의 향기는 바람을 거슬러 간다.
덕 높은 사람은 (그 향기가) 온 사방에 퍼진다.

The perfume of flowers blows not against the wind, nor does the fragrance of sandalwood, tagara and jasmine, but the fragrance of the virtuous blows against the wind; the virtuous man pervades every direction.
Na pupphagandho paṭivātam eti | na candanaṃ tagaramallikā vā | satañ ca gandho paṭivātam eti | sabbā disā sappuriso pavāti.

55 전단향, 따가라 향, 웁빨라 향,
또한 왓시끼 향이 있지만
이들 향기 중에서
계행의 향기가 최상이다.

There are the scents of sandalwood, tagara, uppala, and also vassiki; but among all these scents, the fragrance of virtue is supreme.
Candanaṃ tagaraṃ vāpi | uppalaṃ atha vassikī | etesaṃ gandhajātānaṃ | sīlagandho anuttaro.

56 따가라 향과 전단향의 향기는 미미하지만
그러나 계행을 지닌 사람의 향기는 뛰어나서
신들 가운데에서도 (향기를) 내뿜는다.

The fragrance of tagara and of sandalwood is faint; but the fragrance of the virtuous is excellent; it emit (fragrance) even amongst the Devas.
Appamatto ayaṃ gandho | yā'yaṃ tagaracandanī | yo ca sīlavataṃ gandho | vāti devesu uttamo.

57 계행을 갖추고 깨어 있음에 머물고
바른 지혜로 해탈한
그런 분들의 (간) 길을
악마는 찾지 못한다.

Māra cannot find the path taken by those who are endowed with virtue, who remain in heedfulness and those who are emancipated through right wisdom.
Tesaṃ sampannasīlānaṃ | appamādavihārinaṃ | sammadaññā vimuttānaṃ | māro maggaṃ na vindati.

58 큰길가에 버려진 쓰레기 더미에서도
향기롭고 아름다운 연꽃이 거기에 피어나듯이
59 이처럼 쓰레기 같은 눈먼 보통 사람들 가운데
원만히 깨달은 분의 제자는
지혜로 찬란히 빛난다.

As upon a heap of rubbish, thrown on a roadside, a sweet-smelling lovely lotus may grow, even so, amongst the blinded ordinary fork like rubbish, the disciple of the Fully Enlightened One shines resplendently with wisdom.
(58) Yathā saṅkāradhānasmiṃ | ujjhitasmiṃ mahāpathe | padumaṃ tattha jāyetha | sucigandhaṃ manoramaṃ.(59) Evaṃ saṅkārabhūtesu | andhabhūte puthujjane | atirocati paññāya | sammāsambuddhasāvako.

5장

어리석은 사람

Bāla Vagga

60 잠 못 드는 이에게 밤은 길고
지친 이에겐 1요자나[7]도 멀다.
바른 진리를 모르는
어리석은 자에게 윤회는 멀기만 하다.

Long is the night to the sleepless; long is one yojana to the weary; long is saṃsāra to the foolish who know not the true Dhamma.
Dīghā jāgarato ratti | dīghaṃ santassa yojanaṃ | dīgho bālānaṃ saṃsāro | saddhammaṃ avijānataṃ.

61 삶의 길에서 자기보다 낫거나
동등한 사람을 찾지 못하면,
단호히 홀로 가라.
어리석은 자와의 우정은 없다.

In the way of life, if one were not to find someone who is better or equal to him, then one should go on firmly alone. There is no companionship with a fool.
Carañ ce nādhigaccheyya | seyyaṃ sadisam attano | ekacariyaṃ daḷhaṃ kayirā | natthi bāle sahāyatā.

62 "내 아들이다, 내 재산이다."라고
생각하며 어리석은 자는 괴로워한다.
참으로 자기 자신도 자기 것이 아닌데
어찌 아들일까? 어찌 재산일까?

"Sons are mine! Wealth is mine!", thinking thus, the fool torments himself. Indeed, when he is not the possessor of his own self, how then of children? How then of wealth?
Puttā m'atthi dhanaṃ m'atthi | iti bālo vihaññati | attā hi attano natthi | kuto puttā kuto dhanaṃ.

63 어리석은 자가 어리석음을 알면
그로 인해 그는 지혜로운 자가 된다.
어리석은 자가 지혜롭다고 생각하면
그는 참으로 어리석은 자라고 불린다.

The fool who knows of his ignorance, through that very reason becomes a wise man. The fool who thinks that he is wise is called a fool indeed.
Yo bālo maññati bālyaṃ | paṇḍito vāpi tena so | bālo ca paṇḍitamānī | sa ve bālo'ti vuccati.

64 어리석은 사람은 평생 동안
어진 사람을 가까이 모셔도
진리를 알지 못한다,
숟가락이 국 맛을 모르듯이.

Even though, throughout his life, a childish one attends on a wise person, he does not know the dhamma, just as a spoon does not know the taste of soup.
Yāvajīvam pi ce bālo | paṇḍitaṃ payirupāsati | na so dhammaṃ | vijānāti | dabbī sūparasaṃ yathā.

65 지혜로운 사람은
잠깐 동안 어진 이를 가까이 모셔도
재빨리 진리를 이해한다,
혀가 국 맛을 알듯이.

Even though, for a brief moment, an wise one attends on a wise person, he quickly understands dhamma, just as the tongue knows the taste of soup.
Muhuttaṃ api ce viññū | paṇḍitaṃ payirupāsati | khippaṃ dhammaṃ vijānāti | jivhā sūparasaṃ yathā.

66 지혜가 모자란 어리석은 자들은
그들 자신에게 마치 원수처럼 행동한다.
혹독한 결과를 (가져오는)
악한 행동을 하면서.

The foolish ones, of little intelligence, behave to themselves as enemies, doing evil deeds which produce bitter fruits.
Caranti bālā dummedhā | amitten' eva attanā | karontā pāpakaṃ kammaṃ | yaṃ hoti kaṭukapphalaṃ.

67 행하고 나서 후회하고,
눈물 어린 얼굴로 우는 결과를 가져오는
그런 행동은 잘된 것이 아니다.

That deed is not well done which, having done, one regrets, and brings the consequence of crying with tear-stained face.
Na taṃ kammaṃ kataṃ sādhu | yaṃ katvā anutappati | yassa assumukho rodaṃ | vipākaṃ paṭisevati.

68 행하고 나서 후회하지 않고,
기쁘고 행복한 결과를 가져오는
그런 행동은 잘된 것이다.

That deed is well done which, having done, one does not regret, and brings joyful and happy consequence.
Tañ ca kammaṃ kataṃ sādhu | yaṃ katvā nānutappati | yassa patīto sumano | vipākaṃ paṭisevati.

69 악이 여물기 전까지는
어리석은 자는 꿀같이 여긴다.
그러나 악이 여물 때
그때 어리석은 자는 괴로움을 겪는다.

As long as the evil does not bear fruit, the fool thinks it is like honey; but when the evil does bear fruit, than the fool undergoes suffering.
Madhūva maññatī bālo | yāva pāpaṃ na paccati | yadā ca paccatī pāpaṃ | atha bālo dukkhaṃ nigacchati.

70 어리석은 사람이 다달이
꾸사 풀잎의 끝으로 음식을 먹는다 해도
진리를 이해한 분들의
16분의 1에도 미치지 못한다.

Even though, month after month a fool might eat food with a kusa grass blade, he is not worth a sixteenth of a part of those who have understood dhamma.
Māse māse kusaggena | bālo bhuñjetha bhojanaṃ | na so saṅkhatadhammānaṃ | kalaṃ agghati soḷasiṃ.

71 우유가 즉시 굳어지지 않는 것처럼
지은 악행도 즉시 나타나지 않는다.
재 속에 덮여진 불처럼 이글거리면서
어리석은 자를 쫓는다.

An evil deed committed does not immediately bear fruit, just as milk curdles not at once, smouldering, it follows the fool like fire covered with ashes.
Na hi pāpaṃ kataṃ kammaṃ | sajju khīram va muccati | ḍahan taṃ bālam anveti | bhasmacchanno va pāvako.

72 오직 그의 해로움을 위하여
어리석은 자에게 지성이 생긴다.
그것은 어리석은 자의 행운을 파괴하고
그의 머리를 쪼갠다.

Only for his damage, knowledge arises for the foolish one. It ruins good fortune of the fool and cleaves his head.
Yāvadeva anatthāya | ñattaṃ bālassa jāyati | hanti bālassa sukkaṃsaṃ | muddham assa vipātayaṃ.

73 그는 당치도 않은 평판을 열망할지도 모른다:
비구들 가운데에서 지배를, 처소에서 권위를,
다른 집에서는 공경을 바란다.
74 재가자나 출가자 모두
'오직 내가 한 것'이라고 생각하기를,
무엇이든 해야 할 일과 해서는 안 될 일들도
오직 나를 따르기를,
이것이 어리석은 자의 생각이다.
그의 욕망과 자만은 늘어만 간다.

(73) He would desire undue reputation, lordship over among bhikkhus, authority over dwellings, and veneration in other families.
(74) Let both laymen and those who have gone forth think that 'By myself was this done' alone, 'In whatever is to be done or not done, let them follow me alone.' Such is the aspiration of the fool; thus his desire and pride increase.
(73) Asataṃ bhāvanam iccheyya | purekkhārañ ca bhikkhusu | āvāsesu ca issariyaṃ | pūjā parakulesu ca. (74) Mam eva kata maññantu | gihī pabbajitā ubho | mam ev'ativasā assu | kiccākiccesu kismici | iti bālassa saṅkappo | icchā māno ca vaḍḍhati.

75 하나는 이득의 수단이고
다른 하나는 열반에 이르는 길이다.
이처럼 이것을 잘 알고서 붓다의 제자인 비구는
명성을 즐거워하지 말라.
한적함[8]을 닦으라.

The path of gain is one, and the other way leads to nibbāna. Having recognized this as so, let a bhikkhu who is a disciple of the Buddha not delight in worldly honour, let him cultivate solitude.
Aññā hi lābhūpanisā | aññā nibbānagāminī | evam etaṃ abhiññāya | bhikkhu Buddhassa sāvako | sakkāraṃ nābhinandeyya | vivekaṃ anubrūhaye.

6장

지혜로운 사람

Paṇḍita Vagga

76 마치 보물을 알려주는 사람처럼,
잘못을 지적해주고 꾸짖어 말하는
지혜로운 사람을 본다면,
그런 지혜로운 사람과 가까이하라.
그런 사람과 가까이하는 사람에게는
더 좋지 더 나쁘지는 않으리.

Should one see a wise man, who, like a indicator of treasures, points out faults and speaks reprovingly, let one associate with such a wise person. It will be better, not worse, to one who

associates with such a person.
Nidhīnaṃ va pavattāraṃ | yaṃ passe vajjadassinaṃ | niggayhavādiṃ medhāviṃ | tādisaṃ paṇḍitam bhaje | tādisaṃ bhajamānassa | seyyo hoti na pāpiyo.

77 충고하고 가르치라.
천박한 행실을 막으라.
참으로 그는[9]선인에게는 사랑스럽지만
악인에게는 사랑스럽지 않다.

Let him admonish, instruct and shield one from rude behavior; he, indeed, is dear to the good but not dear to the evil.
Ovadeyyānusāseyya | asabbhā ca nivāraye | sataṃ hi so piyo hoti | asataṃ hoti appiyo.

78 악한 친구와 사귀지 말라.
저속한 사람과 사귀지 말라.
좋은 친구와 사귀어라.
가장 뛰어난 사람과 사귀어라.

Do not associate with evil friends. Do not associate with base men. Associate with good friends. Associate with the best of men.
Na bhaje pāpake mitte | na bhaje purisādhame | bhajetha mitte kalyāṇe | bhajetha purisuttame.

79 가르침을 마시는[10] 사람은

고요한 마음으로 행복하게 산다.
지혜로운 사람은 거룩한 분에 의해 설해진
담마 (가르침) 속에서 항상 기뻐한다.

He who drinks the Dhamma lives happily with a serene mind. The wise man ever delights in the Dhamma taught by the Noble Ones.
Dhammapīti sukhaṃ seti | vippasannena cetasā | ariyappavedite dhamme | sadā ramati paṇḍito.

80 치수자는 물길을 이끌고,
화살 만드는 사람은 화살대를 곧게 하고,
목수는 나무를 구부리고,
지혜로운 사람은 자기 자신을 다스린다.

Irrigators lead the water; fletchers straighten the arrow shaft; carpenters bend the wood; the wise control themselves.
Udakaṃ hi nayanti nettikā | usukārā namayanti tejanaṃ | dāruṃ namayanti tacchakā | attānaṃ damayanti paṇḍitā.

81 단단한 바위가 바람에 움직이지 않듯이
이와 같이 지혜로운 사람들은
칭찬과 비난에 흔들리지 않는다.

Just as a solid rock is not shaken by the wind, even so the wise are not shaken by praise and blame.
Selo yathā ekaghaṇo | vātena na samīrati | evaṃ nindāpasaṃsāsu | na samiñjanti paṇḍitā.

82 깊은 호수가 맑고 고요하듯이
지혜로운 사람은 가르침을 듣고
고요해진다.

Even as a deep lake is very clear and still, so do the wise become calm, having heard the teachings.
Yathāpi rahado gambhīro | vippasanno anāvilo | evaṃ dhammāni sutvāna | vippasīdanti paṇḍitā.

83 선한 분은 모든 면에서 놓아버린다.
덕 높은 사람은 쾌락에 대한 갈망을 가지고
쓸데없는 말을 하지 않는다.
행복이나 괴로움에 당면해도
지혜로운 사람은 (감정의) 높고 낮음을 보이지 않는다.

In all things, good persons 'let go.' The virtuous ones do not prattle with yearning for pleasure. When touched by happiness or by suffering, the wise show no high and low.
Sabbattha ve sappurisā cajanti | na kāmakāma lapayanti santo | sukhena phuṭṭhā athavā dukhena | na uccāvacaṃ paṇḍitā dassayanti.

84 자신을 위해서도 남을 위해서도
자식도, 재산도, 왕국도 바라지 말라.
담마[11]가 아닌 것으로 자신의 영달을 바라지 말라.
이런 사람은 계행, 지혜, 담마를 갖춘 사람이리라.

Neither for one's own sake nor for the sake of another, a son would one wish, or wealth, or kingdom. One would not wish one's own prosperity by undhammic means. Such a one would be possessed of virtue, wisdom and dhamma.
Na attahetu na parassa hetu | na puttamicche na dhanaṃ na rahṭṭaṃ | na iccheyya adhammena samiddhiṃ attano | sa sīlavā paññavā dhammiko siyā.

85 인간 가운데
저 언덕으로 가는 사람들은 드물다.
그러나 다른 사람들은
오직 이 언덕에서 헤매고 있다.[12]

Few are they among humans, the people who reach the other shore. But these other mankind only run along on this shore.
Appakā te manussesu | ye janā pāragāmino | athāyaṃ itarā pajā | tīram evānudhāvati.

86 잘 설해진 담마 속에서
담마에 따라 사는 사람들은
건너기 어려운 죽음의 영역을 (건너)
저 언덕에 도달하리.

In dhamma well expounded, those who live according to dhamma will reach the other shore, crossing the realm of death which is difficult to cross.
Ye ca kho sammadakkhāte | dhamme dhammānuvattino | te janā pāram essanti | maccudheyyaṃ suduttaraṃ.

87 지혜로운 사람은 어두운 것을 버리고
88
밝은 것을 닦아야 한다.[13]
집에서 집 없는 곳으로 나와
즐기기 어려운 한적함 속에서 기쁨을 찾아야 한다.
감각적 쾌락을 버리고 아무것도 가진 것 없이
지혜로운 사람은 마음의 번뇌로부터
자기 자신을 깨끗이 하여야 한다.

The wise man should abandon the dark states and cultivate the bright. Having gone from home to homelessness, he should seek delight in solitude, so difficult to enjoy. Giving up sensual pleasures, with no possessions, the wise man should cleanse himself from the defilements of the mind.
(87) Kaṇhaṃ dhammaṃ vippahāya | sukkaṃ bhāvetha paṇḍito | okā anokaṃ āgamma | viveke yattha dūramaṃ. (88) Tatrābhiratiṃ iccheyya | hitvā kāme akiñcano | pariyodapeyya attānam | cittaklesehi paṇḍito.

89 그의 마음이 깨달음의 요소로 바르게 잘 수련되고
집착이 없이, 집착의 버림을 기뻐하는 빛나는 사람들.
번뇌를 부순, 그들은 이 세상에서 (이미)
완전한 열반을 얻었다.

Whose mind is well cultivated in the Factors of Enlightenment, who, without clinging, delight in the giving up of grasping, shining ones, who have destroyed defilement, they have attained nibbāna in this world.
Yesaṃ sambodhiyaṅgesu | sammā cittaṃ subhāvitaṃ |

ādānapaṭinissagge | anupādāya ye ratā | khīnāsavā jutīmanto | te loke parinibbutā.

7장

아라한[14]

Arahanta Vagga

90 여정을 마치고,[15] 슬픔에서 벗어나고,
모든 면에서 해탈하고,
모든 속박을 버린 사람에게
(욕망의) 고뇌는 존재하지 않는다.

For him who has completed the journey, who is sorrowless, who from everything is wholly free, who has left behind all ties, the fever (of passion) exists not.
Gataddhino visokassa | vippamuttassa sabbadhi |
sabbaganthappahīnassa | pariḷāho na vijjati.

91 마음챙김에 머무는 사람은 부지런히 노력한다.
그들은 거주처에 집착하지 않는다.
백조들이 호수를 떠나는 것처럼
그들은 집과 집들을 떠난다.

The mindful ones constantly strive. They do not cling to a dwelling place; like swans that leave the lake, they leave home after home behind.
Uyyuñjanti satīmanto | na nikete ramanti te | haṃsā va pallalaṃ hitvā | okam okaṃ jahanti te.

92 쌓아 모으는 것이 없고
음식에 대하여 철저히 알고
그들의 목표는 해탈인데
그것은 비어 있고 자취도 없다.
하늘의 새의 자취처럼 그들의 간 곳은 찾기 어렵다.

For those for whom there is no hoarding, who have fully understood food, and whose object is liberation, that is empty, that has no sign. Their course is hard to trace as that of birds in the sky.
Yesaṃ sannicayo natthi | ye pariññātabhojanā | suññato animitto ca | vimokkho yassa gocaro | ākāse'va sakuntānaṃ | gati tesaṃ durannayā.

93 번뇌가 소멸되었고
음식에 집착하지 않고

그의 목표는 해탈인데
그것은 비어 있고 자취도 없다.
하늘의 새의 길처럼 그의 길은 찾기 어렵다.

For him whose defilements are extinguished, he who is not attached to food, whose object is liberation, that is empty, that has no sign. His path is hard to trace, like that of birds in the air.
Yassāsavā parikkhīṇā | āhāre ca anissito | suññato animitto ca | vimokkho yassa gocaro | ākāse'va sakuntānaṃ | padaṃ tassa durannayam.

94 조련사에 의해 잘 길들여진 말처럼
그의 감각기관이 고요함에 이르고,
그의 교만이 부서지고,
번뇌에서 벗어난 사람,
신들도 그런 사람을 부러워한다.

He whose senses have reached an even temper, like horses well trained by a charioteer, whose pride is destroyed, who is free of defilement, even the gods envy such a one.
Yass'indriyāni samathaṃ gatāni | assā yathā sārathinā sudantā | pahīnamānassa anāsavassa | devāpi tassa pihayanti tādino.

95[16] 땅처럼 그는 대적하지 않는다.
잘 수련된 그와 같은 분은
인드라의 기둥 같고 진흙이 없는 호수와 같다.
그와 같은 분에게 윤회는 없다.

Like the earth, he does not oppose. Such a well cultured one is like a pillar of Indra and like a lake free from mud. To such a one there are no cycles of rebirth (saṃsāra).
Paṭhavi samo no virujjhati | indakhīlūpamo tādi subbato | rahado' va apetakaddamo | saṃsārā na bhavanti tādino.

96 바른 앎으로 해탈하고 평온한
그런 분의 마음은 고요하고,
말과 행동은 고요하다.

Calm is his mind, calm are the word and deed of such a one who is peaceful and freed by right understanding.
Santaṃ tassa manaṃ hoti | santā vāca ca kamma ca | sammadaññā vimuttassa | upasantassa tādino.

97 (맹목적) 믿음이 없고,
만들어지지 않은 것[17](열반)을 아는 분,
(윤회의) 고리를 끊은 분,
(선악의) 기회를 부순 분,[18]
모든 소망을 버린 분,[19]
그는 참으로 최상의 사람이다.

The man who is without blind faith, who knows the unmade (Nibbāna), who has cut off the links (of saṃsāra), who has destroyed opportunities (of good and evil), and thrown out desires — he, truly, is a supreme man.
Assaddho akataññū ca | sandhicchedo ca yo naro | hatāvakāso vantāso | sa ve uttamaporiso.

98 마을이거나, 숲이거나,
계곡이거나, 평지거나
아라한들이 머무는 곳은
그곳은 즐겁다.

Whether in village, or in forest, in valley or on plateau hill, wherever Arahants dwell, that place is delightful.
Gāme vā yadi vā' raññe | ninne vā yadi vā thale | yatthārahanto viharanti | taṃ bhūmiṃ rāmaṇeyyakaṃ.

99 숲은 즐겁다.
(그러나) 사람들은 거기에서
즐거워하지 않는다.
욕망이 없는 이들은 즐거워하리.
그들은 감각적 쾌락을 찾지 않기에.

Forests are delightful, but the worldlings do not take delight therein; the passionless will delight, for they seek no sensual pleasures.
Ramaṇīyāni araññāni | yattha na ramatī jano | vitarāgā ramissanti | na te kāmagavesino.

8장

일 천

一千, Sahassa Vagga

100 의미 없는 천 마디 말보다
들어서 평온해지는
의미 있는 한 마디 말이 더 낫다.

A single word with meaning, hearing which one becomes at peace, is better than a thousand words which are devoid of meaning.
Sahassam api ce vācā | anatthapadasaṃhitā | ekaṃ atthapadaṃ seyyo | yaṃ sutvā upasammati.

101 의미 없는 천 개의 시구보다
들어서 평온해지는
의미 있는 한 개의 시구가 더 낫다.

A single verse with meaning, hearing which one becomes at peace, is better than a thousand verses which are devoid of meaning.
Sahassam api ce gāthā | anatthapadasaṃhitā | ekaṃ gāthāpadaṃ seyyo | yaṃ sutvā upasammati.

102 의미 없는 백 편의 시구를
말하는 것보다
들어서 평온해지는
한 마디 진리의 말씀이 더 낫다.

One word of the Dhamma that upon hearing one becomes at peace, is better than reciting a hundred verses which are devoid of meaning.
Yo ce gāthāsataṃ bhāse | anatthapadasaṃhitā | ekaṃ dhammapadaṃ seyyo | yaṃ sutvā upasammati.

103 전쟁에서 백만 대군을 정복하는 것보다
하나의 자신을 정복하는 사람이야말로
그는 참으로 전쟁의 가장 큰 승리자이다.

He, truly, is supreme in battle, who would conquer himself alone, rather than he who would conquer a million men in battle.
Yo sahassaṃ sahassena | saṅgāme mānuse jine | ekañ ca jeyya attānaṃ | sa ve saṅgāmajuttamo.

104 다른 사람을 정복하는 것보다
참으로 자신을 정복하는 것이 더 낫다.
자기를 다스린 사람, 항상 절제 속에 살아가는 사람,
105 데와, 간답바, 마라와 브라흐마 신도[20] 모두
이와 같은 사람의 승리를 패배로 만들 수는 없다.

To conquer oneself is indeed better than to conquer others. Neither deva, Gandhabba, Māra, together with Brahma could turn the victory into defeat of such a person who is self-subdued and ever lives in restraint.

(104) Attā have jitaṃ seyyo | yā ca'yaṃ itarā pajā | attadantassa posassa | niccaṃ saññatacārino.(105) N'eva devo na gandhabbo | na māro saha brahmunā | jitaṃ apajitaṃ kayirā | tathārūpassa jantuno.

106 다달이 천(까하빠나[21])로
백 년 동안 희생제를 지낸다 하더라도
만일 잠시라도 잘 수련된 분에게 예경을 올린다면,
그 예경이 백 년의 희생제보다 더 낫다.

Though, month after month with a thousand (kahapana), one should offer sacrifices for a hundred years, yet if only for a moment, one should do reverence to the well-trained, such reverence is better than a century of sacrifice.

Māse māse sahassena | yo yajetha sataṃ samaṃ | ekañ ca bhāvitattānaṃ | muhuttam api pūjaye | sā yeva pūjanā seyyo | yañ ce vassasataṃ hutaṃ.

107 사람이 숲에서
백 년 동안 불을 섬긴다 하더라도
만일 잠시라도 잘 수련된 분에게
예경을 올린다면 그 예경이
백 년의 (불의) 제사보다 더 낫다.

Though, for a century, a man should tend the fire in the forest, yet if only for a moment, one should do reverence to the well-trained, such reverence is better than a century of (fire-)sacrifice.
Yo ca vassasataṃ jantu | aggiṃ paricare vane | ekañ ca bhāvitattānaṃ | muhuttam api pūjaye | sā yeva pūjanā seyyo | yañ ce vassasataṃ hutaṃ.

108 이 세상에서 공덕을 찾는 사람은
무슨 제물이든 무슨 헌공물이든 일 년 내내 바칠 것이다.
그러나 이 모든 것들은 '똑바로 걷는 분'께[22] 드리는
예경 공덕의 4분의 1에도 미치지 못한다.

Whatever sacrifice or offering in the world, who seek merit, may sacrifice throughout a year. But all that does not reach a quarter of the merit of homage paid to the 'Walking Straight.'
Yaṃ kiñci yiṭṭhaṃ va hutaṃ va loke | saṃ vaccharaṃ yajetha puññapekho | sabbam pi taṃ na catubhāgam eti | abhivādanā ujjugatesu seyyo.

109 존경을 표하는 습관이 있고
웃어른을 항상 존경하는 사람에게

수명, 아름다움, 행복, 강건함의
네 가지가 증가한다.

For one in the habit of showing respect and always respecting the elders, four things increase: life, beauty, happiness, and strength.
Abhivādanasīlissa | niccaṃ vaddhāpacāyino | cattāro dhammā vaḍḍhanti | āyu vaṇṇo sukhaṃ balaṃ.

110 계행이 없고 선정이 없는 사람의 백 년의 삶보다
계행을 지키고 선정에 들어 사는 사람의
하루의 삶이 더 낫다.

One day's life of one who is virtuous and meditative, is better than a life of a hundred years of one who is devoid of virtue and uncomposed.
Yo ca vassasataṃ jīve | dussīlo asamāhito | ekāhaṃ jīvitaṃ seyyo | sīlavantassa jhāyino.

111 지혜가 없고 선정이 없는 사람의 백 년의 삶보다
지혜롭고 선정에 들어 사는 사람의
하루의 삶이 더 낫다.

One day's life of one who is wise and meditative, is better than a life of a hundred years of one who is unwise and uncomposed.
Yo ca vassasataṃ jīve | duppañño asamāhito | ekāhaṃ jīvitaṃ seyyo | paññavantassa jhāyino.

112 게으르고 무기력한 사람의 백 년의 삶보다
열성적이고 굳건한 사람의
하루의 삶이 더 낫다.

One day's life of one who is strenuous and resolute, is better than a life of a hundred years of one who is indolent and unactive.
Yo ca vassasataṃ jīve | kusīto hīnavīriyo | ekāhaṃ jīvitaṃ seyyo | viriyaṃ ārabhato daḷhaṃ.

113 일어남과 사라짐[23]을 보지 못하는 사람의
백 년의 삶보다
일어남과 사라짐을 보는 사람의
하루의 삶이 더 낫다.

A single day's life of one who sees the rise and fall, is better than a life of a hundred years of one who does not perceive the rise and fall.
Yo ca vassasataṃ jīve | apassaṃ udayavyayaṃ | ekāhaṃ jīvitaṃ seyyo | passato udayavyayaṃ.

114 불사(열반)의 길을 보지 못하는 사람의
백 년의 삶보다
불사(열반)의 길을 보는 사람의
하루의 삶이 더 낫다.

A single day's life of one who perceives the Deathless (Nibbāna), is better than a life of a hundred years of one who does not

perceive the Deathless (Nibbāna).
Yo ca vassasataṃ jīve | apassaṃ amataṃ padaṃ | ekāhaṃ jīvitaṃ seyyo | passato amataṃ padaṃ.

115 최상의 진리를 보지 못하는 사람의 백 년의 삶보다
최상의 진리를 보는 사람의 하루의 삶이 더 낫다.

A single day's life of one who perceives the Supreme Truth, is better than a life of a hundred years of one who does not perceive the Supreme Truth.
Yo ca vassasataṃ jīve | apassaṃ dhammam uttamaṃ | ekāhaṃ jīvitaṃ seyyo | passato dhammamuttamaṃ.

9장

악

Pāpa Vagga

116 선을 (행함에) 서둘러라.
악으로부터 마음을 삼가라.
공덕을 짓는 데에 느슨한 사람은
마음은 (벌써) 악 속에서 즐거워한다.

Make haste in doing good. Restrain your mind from evil. If one is slow in doing good, his mind delights in evil.
Abhittharetha kalyāne | pāpā cittaṃ nivāraye | dandhaṃ hi karoto puññaṃ | pāpasmiṃ ramati mano.

117 악을 지었다면
그것을 되풀이하지 말라.
그것에 대해 욕망을 내지 말라.
괴로움은 악의 누적이다.

Should a person commit evil, he should not do it again and again; let him not form a desire toward it. Painful is the accumulation of evil.
Pāpañ ce puriso kayirā | na taṃ kayirā punappunaṃ | na tamhi chandaṃ kayirātha | dukkho pāpassa uccayo.

118 공덕을 지었다면
되풀이해서 그것을 행하라.
그것에 대한 열망을 일으키라.
행복은 공덕의 누적이다.

Should a person perform a meritorious action, he should do it again and again; let him form a desire toward it. Happiness is the accumulation of merit.
Puññañ ce puriso kayirā | kayirāth'etaṃ punappunaṃ | tamhi chandaṃ kayirātha | sukho puññassa uccayo.

119 악이 익기 전에는
악을 행한 자도 좋은 것을 누린다.
그러나 악이 익으면
그때 그는 악의 결과를 본다.

Even an evil-doer experiences what is good as long as evil ripens not. But when the evil bears fruit, then he sees the evil results.
Pāpo pi passati bhadraṃ | yāva pāpaṃ na paccati | yadā ca paccati pāpaṃ | atha pāpo pāpāni passati.

120 선이 익기 전에는
선인도 악을 만난다.
그러나 선이 익으면
그때 선인은 선의 결과를 본다.

Even a good person sees evil so long as good ripens not. But when the good bears fruit then the good one sees the good results.
Bhadro' pi passati pāpaṃ | yāva bhadraṃ na paccati | yadā ca paccati bhadraṃ | atha bhadro bhadrāni passati.

121 "그것이 나에게 오지 않으리라."고
악을 가볍게 생각하지 말라.
물방울이 떨어져 물 단지가 가득 차듯이
어리석은 자는 조금씩 조금씩 쌓아
(자신을) 악으로 가득 채운다.

Do not think lightly of evil, saying, "It will not come to me." By the falling of drops, a water-pot is filled; likewise, the fool, gathering little by little, fills himself with evil.
Māppamaññetha pāpassa | na maṃ taṃ āgamissati | udabindunipātena | udakumbho pi pūrāti | pūrati bālo pāpassa | thokathokaṃ pi āciṇaṃ.

122 "그것이 나에게 오지 않으리라."고
선을 가볍게 생각하지 말라.
물방울이 떨어져 물 단지가 가득 차듯이
지혜로운 자는 조금씩 조금씩 쌓아
(자신을) 선으로 가득 채운다.

Do not think lightly of good, saying, "It will not come to me." By the falling of drops, a water-pot is filled; likewise, the wise man, gathering little by little, fills himself with good.
Māppamaññetha puññassa | na maṃ taṃ āgamissati | udabindunipātena | udakumbho pi pūrati | pūrati dhīro puññassa | thokathokaṃ pi āciṇaṃ.

123 적은 대상을 거느린 부유한 상인이
두려운 길을 피하듯이
살기를 원하는 사람이 독을 피하듯이
악을 피해야 한다.

Just as a rich merchant with small caravan avoids the fearful road, just as one desiring to live avoids poison, even so should one shun evil.
Vāṇijo va bhayaṃ maggaṃ | appasattho mahaddhano | visaṃ jīvitukāmova | pāpāni parivajjaye.

124 손에 상처가 없으면 손으로 독을 만질 수 있다.
독은 상처가 없는 사람에게 영향을 주지 못한다.
(악을) 짓지 않는 자에게 악은 없다.

If no wound there be in one's hand, one may touch poison with hand. Poison does not affect one who has no wound. There is no evil for him who does not commit evil.
Pāṇimhi ce vaṇo n'āssa | hareyya pāṇinā visaṃ | nābbaṇaṃ visam anveti | natthi pāpaṃ akubbato.

125 깨끗하고 티 없는 사람,
해침이 없는 사람에게 해를 주는 사람은 누구나
악은 바로 그 어리석은 자에게 되돌아간다.
바람을 거슬러 던져진 미세한 먼지처럼.

Whoever harms a harmless person, one pure and faultless, the evil recoils on just that foolish one, like fine dust thrown against the wind.
Yo appaduṭṭhassa narassa dussati | suddhassa posassa anaṅganassa | tam eva bālaṃ pacceti pāpaṃ | sukhumo rajo paṭivātaṃ va khitto.

126 어떤 사람은 모태에 태어나고,
악을 지은 자는 지옥에 태어나고,
올바른 사람은 천상으로 가고,
번뇌를 벗어난 사람은 열반에 든다.

Some are born in the womb; the evildoers are born in hell; the righteous go to heaven; and those who are free from defilement attain Nibbāna.
Gabbham eke uppajjanti | nirayaṃ pāpakammino | saggaṃ sugatino yanti | parinibbanti anāsavā.

127 공중에도 없고, 바다 가운데에도 없고,
산의 틈새(동굴)에 들어가도 없고,
악행에서 벗어날 수 있는, 머물 곳은
이 세상에 그런 곳은 없다.

Neither in the sky nor in the middle of the ocean, nor having entered into a cleft mountain, is found that place in the world where abiding one may escape from the evil deed.
Na antalikkhe na samuddamajjhe | na pabbatānaṃ vivaraṃ pavissa | na vijjatī so jagatippadeso | yatthaṭṭhito muñceyya pāpakammā.

128 공중에도 없고, 바다 가운데에도 없고,
산의 틈새(동굴)에 들어가도 없고,
죽음에 정복당하지 않을, 머물 곳은
이 세상에 그런 곳은 없다.

Neither in the sky nor in the middle of the ocean, nor having entered into a cleft mountain, is found that place in the world where abiding one will not be overcome by death.
Na antalikkhe na samuddamajjhe | na pabbatānaṃ vivaraṃ pavissa | na vijjatī so jagatippadeso | yatthaṭṭhitaṃ nappasahetha maccu.

10장

폭력

Daṇḍa Vagga

129 모두 폭력을 무서워한다.
모두 죽음을 두려워한다.
자기 자신을 남의 입장에 놓아보고
죽이지도 말고 죽이도록 하지도 말라.

All are frightened of violence. All fear death. Putting oneself in the place of another, one should neither slay nor cause to slay.
Sabbe tasanti daṇḍassa | sabbe bhāyanti maccuno | attānaṃ upamaṃ katvā | na haneyya na ghātaye.

130 모두 폭력을 두려워한다.
삶은 모두에게 사랑스럽다.
자기 자신을 남의 입장에 놓아보고
죽이지도 말고 죽이도록 하지도 말라.

All are frightened of violence. Life is dear to all. Putting oneself in the place of another, one should neither slay nor cause to slay.
Sabbe tasanti daṇḍassa | sabbesaṃ jīvitaṃ piyaṃ | attānaṃ upamaṃ katvā | na haneyya na ghātaye.

131 자신의 행복을 구하면서
행복을 갈망하는 존재들을
폭력으로 해치는 사람은
죽은 후 행복을 얻지 못한다.

Whoever, seeking his own happiness, harms with violence other beings who desire happiness, does not get happiness after death.
Sukhakāmāni bhūtāni | yo daṇḍena vihiṃsati | attano sukham esāno | pecca so na labhate sukhaṃ.

132 자신의 행복을 구하면서
행복을 갈망하는 존재들을
폭력으로 해치지 않는 사람은
죽은 후 행복을 얻는다.

Whoever, seeking his own happiness, harms not with violence other beings who desire happiness, get happiness after death.

Sukhakāmāni bhūtāni | yo daṇḍena na hiṃ sati | attano sukham esāno | pecca so labhate sukhaṃ.

133 누구에게도 거칠게 말하지 말라.
뱉은 말은 그대에게 되돌아오리.
다툼의 말은 참으로 괴롭다.
보복의 매가 그대를 때리리.

Speak not harshly to anyone. Those thus addressed would retort to you. Painful indeed is contentious talk. Retaliatory rods would touch you.
Mā' voca pharusaṃ kañci | vuttā paṭivadeyyu taṃ | dukkhā hi sārambhakathā | paṭidaṇḍā phuseyyu taṃ.

134 만일 깨진 종처럼 그대 자신 동요하지 않으면
그대는 열반을 성취한 것이니
다툼은 그대에게 존재하지 않는다.

If, like a broken gong, you yourself do not move, you have attained Nibbāna; no contention is found in you.
Sace neresi attānaṃ | kaṃso upahato yathā | esa patto'si nibbānaṃ | sārambho te na vijjati.

135 소 치는 사람이 막대기로
소들을 목초지로 몰아내듯
그처럼 늙음과 죽음은

살아 있는 존재들의 목숨을 몰아낸다.

Just as a cowherd with rod drives the cattle to the pasture, so do old age and death drive out the life of living beings.
Yathā daṇḍena gopālo | gāvo pāceti gocaraṃ | evaṃ jarā ca maccū ca | āyuṃ pācenti pāṇinaṃ.

136 악한 행동을 하면서도
어리석은 자는 깨닫지 못한다.
지혜가 모자란 자는 자신의 행위에 의해
불에 타는 것처럼 괴로워한다.

The foolish one knows it not even while doing wicked deeds. By his own deeds, the witless one is tormented like one burnt by fire.
Atha pāpāni kammāni | karaṃ bālo na bujjhati | sehi kammehi dummedho | aggidaḍḍho va tappati.

137 폭력이 없고 해침이 없는 사람을
폭력으로 해치는 사람은
(다음의) 열 가지 경우 가운데 하나를
곧 겪는다.

He who with the violence harms the non-violence and harmless, soon undergoes one of these ten states.
Yo daṇḍena adaṇḍesu | appaduṭṭhesu dussati | dasannam aññataraṃ ṭhānaṃ | khippam eva nigacchati:

138 심한 고통, 궁핍, 신체 손상,
심한 질병이나 심지어 정신 착란을 얻을 것이다.
139 국왕으로부터의 재난이나 지독한 비방,
친족의 상실 또는 재산의 붕괴,
140 그리고 또한 정화자인 불이 그의 집들을 태우리라.
어리석은 자는 몸이 흩어진 후에
지옥에 태어날 것이다.

(138) Harshly painful feelings, destitution, bodily injury, grievous sickness, even disarrayed mind one would attain. (139) Trouble from the king or severe slander, or loss of relatives or dissolution of possessions. (140) And also fire, the purifier, burns his houses. And upon the dissolution of the body, the unwise one will be born in hell.
(138) Vedanaṃ pharusaṃ jāniṃ | sarīrassa ca bhedanaṃ | garukaṃ vā' pi ābādhaṃ | cittakkhepaṃ va pāpuṇe. (139) Rājato vā upassaggaṃ | abbhakkhānaṃ va dāruṇaṃ | parikkhayaṃ va ñātinaṃ | bhogānaṃ va pabhaṅguraṃ. (140) Athav' āssa agārāni | aggi ḍahati pāvako | kāyassa bhedā duppañño | nirayaṃ so'papajjati.

141 나체로 지내고, 머리를 길게 땋아 내리고,
진흙을 바르고, 단식을 하고, 맨땅에 눕거나,
흙먼지와 재를 바르고, 웅크려 앉아서 고행하여도
의혹을 해결하지 못한 사람을 맑히지 못한다.

Neither wandering about naked, nor matted hair, nor smearing body with mud, nor fasting, nor lying on the ground, nor covering

oneself with dust and ash, nor striving squatting on the heels, can purify a man who has not overcome doubts.
Na naggacariyā na jaṭā na paṅkā | nānāsakā thaṇḍilasāyikā vā | rajo va jallaṃ ukkuṭikappadhānaṃ | sodhenti maccaṃ avitiṇṇakaṅkhaṃ.

142 옷을 잘 차려입었더라도 만일 고요함을 닦고,
평온하고, 절제하고, 확고하고, 청정한 삶을 살고
모든 존재에 대한 폭력을 치워버리면
그는 브라흐마나이고, 사문이고, 비구이다.[24]

Even though well adorned, if one would cultivate tranquility, is peaceful, restrained, assured, living the pure life, having lay aside the violence toward all beings, he is a brāhmaṇa, a samaṇa, a bhikkhu.
Alaṅkato ce'pi samaṃ careyya | santo danto niyato brahmacārī | sabbesu bhūtesu nidhāya daṇḍaṃ | so brāhmaṇo so samaṇo sa bhikkhu.

143 부끄러움으로 자제하는 사람,
좋은 말이 채찍을 알아채듯이
치욕을 알아채는 누군가가 이 세상에 있는가?

In this world, is there any man who, restrained by shame, awakens to insult, as a good horse awakens the whip?
Hirīnisedho puriso | koci lokasmiṃ vijjati | yo nindaṃ appabodhati | asso bhadro kasām iva.

144 채찍을 받은 좋은 말처럼
분발하고 열성을 다하라.
신뢰에 의해, 계행, 정진, 집중, 진리의 탐구와,
지혜와 덕행을 갖춤, 그리고 마음챙김에 의해
이 큰 괴로움을 벗어나라.

Like a good horse struck by a whip, be strenuous and zealous. By confidence, virtue, effort, concentration, by investigation of the Truth, by being endowed with wisdom and conduct and by being mindful, get rid of this great suffering.
Asso yathā bhadro kasāniviṭṭho | ātāpino saṃvegino bhavātha | saddhāya sīlena ca viriyena ca | samādhinā dhammavinicchayena ca | sampannavijjācaraṇā patissatā | pahassatha dukkham idaṃ anappakaṃ.

145 치수자는 물을 끌어 오고,
화살 제조공은 화살대를 곧게 하고,
목수는 나무를 구부리고,
어진 이는 자기 자신을 다스린다.

Irrigators lead the water; fletchers straighten the arrow shafts; carpenters bend the wood; the virtuous control themselves.
Udakaṃ hi nayanti nettikā | usukārā namayanti tejanaṃ | dāruṃ namayanti tacchakā | attānaṃ damayanti subbatā.

11장

늙음

Jarā Vagga

146 (세상은) 끊임없이 불타고 있는데
무슨 웃음이며 무슨 즐거움인가.
그대들은 어둠에 덮여 있는데
(지혜의) 빛을 찾지 않으려는가?

What is laughter, what is joy, when (the world) is constantly burning? Should you not seek the light (of wisdom) when you are enveloped by the darkness?
Ko nu hāso kimānando | niccaṃ pajjalite sati | andhakārena onaddhā | padīpaṃ na gavessatha.

147 아름답게 꾸며진 이 몸을 보라.
상처투성이, (뼈대로) 세워지고,
병들고, (온갖) 생각으로 가득한,
영원함도 견고함도 없다.

Behold this beautifully embellished body, a mass of sores, supported by bones, diseased, much thought of, in which there is nothing permanence or stability.
Passa cittakataṃ bimbaṃ | arukāyaṃ samussitaṃ | āturaṃ bahusaṅkappaṃ | yassa natthi dhuvaṃ ṭhiti.

148 이 몸은 낡아지고,
질병의 둥지이고, 부서지기 쉽다.
썩은 몸은 흩어진다.
참으로 삶은 죽음으로 끝난다.

This body is worn out, a nest of diseases, perishable. Putrid body breaks up. Truly, life ends in death.
Parijiṇṇam idaṃ rūpaṃ | roganiḍḍhaṃ pabhaṅguraṃ | bhijjati pūtisandeho | maraṇantaṃ hi jīvitaṃ.

149 가을에 버려진 이 호리병박들처럼
회색의 뼈들이 있다.
그것들을 보고 어찌 기뻐하리오.

Like gourds thrown away in autumn, there is gray-hued bones. Having seen them, what delight?

Yāni'māni apatthāni | alāpūn' eva sārade | kāpotakāni aṭṭhīni | tāni disvāna kā rati.

150 이 도시(몸)는 뼈로 지어지고
살과 피로 발라지고
거기에는 늙음과 죽음과 교만과 위선이
감추어져 있다.

This city (body) is built of bones, plastered with flesh and blood; wherein are concealed decay, death, pride and hypocrisy.
Aṭṭhīnaṃ nagaraṃ kataṃ | maṃsalohitalepanaṃ | yattha jarā ca maccū ca | māno makkho ca ohito.

151 잘 꾸며진 왕의 수레도 낡아간다.
이 몸 또한 늙어간다.
그러나 선한 분의 가르침은 낡아지지 않는다.
선한 분[25]에게 (전하여) 알리기 때문이다.

Even much ornamented royal chariots wear out. This body too falls into decay. But the Dhamma of the Good goes not to decay, thus do the Good make it known to the Good.
Jīranti ve rājarathā sucittā | atho sarīram pi jaraṃ upeti | satañ ca dhammo na jaraṃ upeti | santo have sabbhi pavedayanti.

152 배움이 적은 사람은 황소처럼 늙어간다.
그의 살은 찌지만 지혜는 자라지 않는다.

The man of little learning grows old like an ox. His flesh increases, but his wisdom does not increase.
Appassutāyaṃ puriso | balivaddova jīrati | maṅsāni tassa vaḍḍhanti | paññā tassa na vaḍḍhati.

153 집 짓는 이[26]를 찾아서, 그러나 찾지 못하고
수많은 생의 윤회를 나는 떠돌았다.
거듭된 태어남은 괴로움이다.

Through many a birth I wandered in saṃsāra, seeking in the builder of this house (body), but not finding. Repeated birth is suffering.
Anekajātisaṃsāraṃ | sandhāvissaṃ anibbisaṃ | gahakārakaṃ gavesanto | dukkhā jāti punappunaṃ.

154 집 짓는 자여, 그대는 보였다.
그대는 다시는 집을 짓지 못하리.
그대의 서까래는 모두 부러졌고 대들보는 파괴되었다.
마음은 열반에 도달하였다.
갈애의 종국(끝)을 성취하였다.

House-builder, you are seen. You shall not build the house again. Your rafters are broken. Your ridge-pole destroyed. Mind has arrived at nibbāna. I have achieved the end of craving.
Gahakāraka diṭṭho' si | puna gehaṃ na kāhasi | sabbā te phāsukā bhaggā | gahakūṭaṃ visaṅkhitaṃ | visaṅkhāragataṃ cittaṃ | taṇhānaṃ khayam ajjhagā.

155 청정한 삶도 살지 않고
젊어서 재산도 얻지 못한 사람은
고기 없는 연못가의 늙은 백로처럼
쇠약해진다.

They who have not lived the Holy Life, who in youth have not acquired wealth, wither away like old herons in a lake where there are no fish.
Acaritvā brahmacariyaṃ | aladdhā yobbane dhanaṃ | jiṇṇakoñcā va jhāyanti | khīṇamacche va pallale.

156 청정한 삶도 살지 않고
젊어서 재산도 얻지 못한 사람은
부러진 화살처럼 누워 있다,
지난날을 탄식하면서.

They who have not lived the Holy Life, who in youth have not acquired wealth, lie like broken arrows, lamenting the past.
Acaritvā brahmacariyaṃ | aladdhā yobbane dhanaṃ | senti cāpātikhīṇā' va | purāṇāni anutthunaṃ.

12장

자기

Atta Vagga

157 자기 자신을 사랑스럽다고 안다면
자기를 잘 지켜야 한다.
지혜로운 사람은 밤의 세 번의 살핌[27] 중
한 번은 깨어 있어야 한다.

If one would regard oneself as dear, one should guard oneself well. The wise man should keep vigil, in one of the three watches of the night.

Attānañ ce piyaṃ jaññā | rakkheyya naṃ surakkhitaṃ | tiṇṇam aññataraṃ yāmaṃ | paṭijaggeyya paṇḍito.

158 첫 번째로 자기 자신을 합당하게 세워야 한다.
그러고 나서 다른 사람을 가르쳐야 한다.
(그런) 지혜로운 사람은 비난받지 않으리.

One should first establish oneself in what is proper; then only should one teach others. Thus the wise man would not be reproached.
Attānam eva paṭhamaṃ | patīrūpe nivesaye | ath'aññam anuṣāseyya | na kilisseyya paṇḍito.

159 남에게 가르치는 그대로
자신을 그렇게 만들어야 한다.
잘 다스려진 사람은 진정 (남을) 다스릴 수 있을 것이다.
자기는 참으로 다스리기 어렵다.

As he instructs others so should he himself make. Indeed well-controlled he would control others. It is difficult indeed to control the self.
Attānaṃ ce tathā kayirā | yathaññamanusāsati | sudanto vata dammetha | attā hi kira duddamo.

160 참으로 자기야말로 자기 자신의 의지처,
무슨 다른 의지처가 있을까?
잘 다스려진 자기 자신에 의해
얻기 어려운 의지처를 얻는다.

Oneself, indeed, is the refuge of oneself, for who else could refuge

be? With oneself well restrained, one obtains a refuge which is hard to gain.
Attā hi attano nātho | ko hi nātho paro siyā | attanā' hi sudantena | nāthaṃ labhati dullabhaṃ.

161 자신에 의해 지어진 악은
자기에서 태어나고 자기에서 생성된다.
다이아몬드가 보석을 부수듯이
(악은) 지혜가 모자란 자를 부순다.

The evil committed by oneself, born of oneself, produced by oneself, crushes the unwise as the diamond crushes a gem.
Attanā' va kataṃ pāpaṃ | attajaṃ attasambhavaṃ | abhimanthati dummedhaṃ | vajiraṃ v' asmamayaṃ maṇiṃ.

162 계행이 아주 부족한 사람은
말루와 덩굴이 살나무를 감아버리듯이
자신에게 그렇게 한다,
마치 원수가 그에게 (하기를) 원하는 것처럼.

He who is extremely immoral like a Maluva creeper strangling a Sal tree, does to himself, just as a enemy wishes (to do) to him.
Yassa accantadussīlyaṃ | māluvā sālam iv' otataṃ | karoti so tath' attānaṃ | yathā naṃ icchatī diso.

163 자기 자신에게 해롭고 나쁜 것은 하기 쉽다.

그러나 이롭고 좋은 것은
참으로 지극히 행하기 어렵다.

It is easy to do things which are bad and harmful to oneself, but it is extremely difficult, indeed, to do things which are good and beneficial.
Sukarāni asādhūni | attano ahitāni ca | yaṃ ve hitañ ca sādhuñ ca | taṃ ve paramadukkaraṃ.

164 그릇된 견해 때문에
거룩한 분들, 아라한, 올바른 분들의
가르침을 비난하는 어리석은 사람은
오직 자신의 파멸을 위해 익어간다,
깟타까 갈대의 열매처럼.

The ignorant man, who, on account of false views, blames the teaching of the Arahants, the Noble Ones, and the Righteous, ripens only for his own destruction like the fruits of the Katthaka reed.
Yo sāsanaṃ arahataṃ | ariyānaṃ dhammajīvinaṃ | paṭikkosati dummedho | diṭṭhiṃ nissāya pāpikaṃ | phalāni kaṭṭhakass' eva | attaghaññāya phallati.

165 자기에 의해 악을 짓고, 자기에 의해 더러워진다.
자기에 의해 악을 짓지 않고, 자기에 의해 깨끗해진다.
깨끗함과 더러움은 자기 자신에 달렸다.
아무도 다른 이를 깨끗하게 할 수 없다.

By oneself is evil done, by oneself is one defiled. By oneself evil is not done, by oneself, indeed is one cleansed. Purity and impurity depend on oneself. No one purifies another.
Attanā' va kataṃ pāpaṃ | attanā saṃkilissati | attanā akataṃ pāpaṃ | attanā' va visujjhati | suddhi asuddhi paccattaṃ | nāñño aññaṃ visodhaye.

166 남들의 이익을 위한 일이 많다고 하더라도
자신의 이익(수행하는 일)에 게을리 해서는 안 된다.
자신의 이익을 알고서
자신의 목표에 열성을 다하여야 하리.

For the sake of others' welfare, however great, one would not neglect one's own welfare. Having known one's own welfare, one would be intent on one's own goal.
Attadatthaṃ paratthena | bahunā' pi na hāpaye | attadatthaṃ abhiññāya | sadatthapasuto siyā.

13장

세상

Loka Vagga

167 저열한 것을 따르지 말라.
방일하게 살지 말라.
그릇된 견해를 품지 말라.
윤회하는 자가 되지 말라.

Do not follow mean things. Do not live in heedlessness. Do not embrace wrong views. Do not be a person who prolongs saṃsāra.
Hīnaṃ dhammaṃ na seveyya | pamādena na saṃvase |
micchādiṭṭhiṃ na seveyya | na siyā lokavaddhano.

168 일어나라! 방일하지 말라.
바른 삶을 살라.
바른 삶을 사는 사람은
이 세상과 저 세상에서 행복하게 산다.

Arise! Be not heedless. Lead a righteous life. The righteous live happily both in this world and in the next.
Uttiṭṭhe nappamajjeyya | dhammaṃ sucaritaṃ care | dhammacārī sukhaṃ seti | asmiṃ loke paramhi ca.

169 바른 삶을 살라.
그릇된 삶을 살지 말라.
바른 삶을 사는 사람은
이 세상과 저 세상에서 행복하게 산다.

Lead a righteous life; lead not a wrong life. The righteous live happily both in this world and in the next.
Dhammaṃ care sucaritaṃ | na naṃ duccaritaṃ care | dhammacārī sukhaṃ seti | asmiṃ loke paramhi ca.

170 (이 세상을) 물거품처럼 보고
아지랑이처럼 보라.
이처럼 세상을 보는 사람을
죽음의 왕은 보지 못한다.

Look upon (this world) as a bubble, look upon it as a mirage. The one considering the world thus, King of Death does not see.

Yathā bubbulakaṃ passe | yathā passe marīcikaṃ | evaṃ lokaṃ avekkhantaṃ | maccurājā na passati.

171 자! 아름다운 왕의 수레와 같은
이 세상을 보라.
어리석은 자는 거기에 빠져들지만
(그것을) 아는 사람들은 집착이 없다.

Come, look at this world, like an adorned royal chariot. Wherein the fools are immersed, but those who know it, there is no attachment.
Etha passath' imaṃ lokaṃ | cittaṃ rājarathūpamaṃ | yattha bālā visīdanti | natthi saṅgo vijānataṃ.

172 전에는 깨어 있지 못한 사람이
후에 깨어 있게 되면
그는 이 세상을 비춘다,
구름에서 벗어난 달처럼.

Whoever was heedless before and afterwards is not, he illumines this world like the moon set free from a cloud.
Yo ca pubbe pamajjitvā | pacchā so nappamajjati | so imaṃ lokaṃ pabhāseti | abbhā mutto' va candimā.

173 지은 악한 행위를
선한 것으로 덮으면

그는 이 세상을 비춘다,
구름에서 벗어난 달처럼.

Whose bad deed done is covered by what is wholesome, he illumines this world like the moon freed from clouds.
Yassa pāpaṃ kataṃ kammaṃ | kusalena pithīyati | so imaṃ lokaṃ pabhāseti | abbhā muttova candimā.

174 이 세상은 눈이 멀었다.
여기에서 선명하게 보는 사람은 드물다.
그물에서 벗어난 새처럼
천상에 가는 자 (또한) 드물다.

Blind is this world. Few are those who clearly see here. Like a bird set free from a net, few are they that go to heaven.
Andhabhūto ayaṃ loko | tanuk'ettha vipassati | sakunto jālamuttova | appo saggāya gacchati.

175 백조는 태양의 길을 가고
(신통력 있는 이는) 허공에서 신통의 힘으로 간다.
지혜로운 이들은 악마와 그 군대를 정복하고
이 세상에서 벗어난다.

Swans go along the path of the sun. (Those who possess psychic power) in the air go with psychic power. The wise ones, having conquered Māra and his troops, go forth out of this world.
Haṃ sādiccapathe yanti | ākāse yanti iddhiyā | nīyanti dhīrā lokamhā | jetvā māraṃ savāhiniṃ.

176 하나인 진리를 어기는 사람,
거짓말을 하는 사람,
저 세상을 포기한 사람에게는
짓지 못할 악은 없다.

For one who has transgressed one Dhamma, who speaks falsehood, who has given up the other world, there is no evil that cannot be done.
Ekaṃ dhammaṃ atītassa | musāvādissa jantuno |
vitiṇṇaparalokassa | natthi pāpaṃ akāriyaṃ.

177 참으로 인색한 자들은 신들의 세계에 가지 못한다.
실로 어리석은 자들은 보시를 칭찬하지 않는다.
지혜로운 자는 보시를 기뻐한다.
그러므로 그는 저 세상에서 행복해진다.

Verily, misers do not get to the world of the gods. Indeed, the foolish do not praise the charity. The wise man rejoices in giving and thereby becomes happy in the next world.
Na ve kadariyā devalokaṃ vajanti | bālā have nappasaṃsanti
dānaṃ | dhīro ca dānaṃ anumodamāno | ten'eva so hoti sukhi
parattha.

178 온 땅의 유일한 왕권보다
천상계로 가는 것보다
온 세상의 군주인 것보다
흐름에 든 결실이 더 훌륭하다.[28]

Better is the fruit of 'Entering the Stream' than sole sovereignty over the earth, than going to heaven, than lordship over all the world.
Pathavyā ekarajjena | saggassa gamanena vā | sabbalokādhipaccena | sotāpattiphalaṃ varaṃ.

14장

붓다[29]

Buddha Vagga

179 그의 승리는 되돌려질 수 없고
이 세상에서 아무도 그의 승리에 이르지 못한다.
무한한 영역의 자취 없는 부처님을
무슨 자취에 의해서 (유혹으로) 이끌 것인가?[30]

Whose victory cannot be undone, whose victory no one in this world reaches, — that trackless Buddha of infinite range, by which track will you lead?
Yassa jitaṃ nāvajīyati | jitamassa no yāti koci loke | taṃ Buddham anantagocaraṃ | apadaṃ kena padena nessatha.

180 그에게는 자신을 어딘가로 이끌
그물 같은 들러붙는 갈애[31]가 없다.
무한한 영역의 자취 없는 부처님을
무슨 자취에 의해서 (유혹으로) 이끌 것인가?

For whom craving there is not, the netlike, the clinging, to lead him wheresoever, — that trackless Buddha of infinite range, by which track will you lead?
Yassa jālinī visattikā | taṇhā natthi kuhiñci netave | taṃ Buddham anantagocaraṃ | apadaṃ kena padena nessatha.

181 선정에 몰두하는 지혜로운 사람들,
세속을 떠난 고요함을 기뻐하는 사람들,[32]
이런 마음챙김에 머무는,
온전히 깨달은 분들을 신들도 부러워한다.

Those wise ones who are devoted to meditation and who delight in the calm of renunciation — such mindful ones, Perfectly Enlightened Ones, even the gods envy.
Ye jhānapasutā dhīrā | nekkhammūpasame ratā | devā' pi tesaṃ pihayanti | sambuddhānaṃ satīmataṃ.

182 인간으로 태어나기 어렵고
죽기 마련인 (운명의) 삶도 어렵다.
참된 가르침을 듣는 것도 어렵고
깨달은 분들의 출현도 어렵다.

Difficult is it to be born as a human being; difficult is the life of mortals; difficult is the hearing of the True Dhamma; difficult is the appearance of the Enlightened Ones.
Kiccho manussapaṭilābho | kicchaṃ maccāna jīvitaṃ | kicchaṃ saddhammasavaṇaṃ | kiccho buddhānaṃ uppādo.

183 모든 악을 짓지 않는 것, 선행을 닦는 것,
자신의 마음을 깨끗이 하는 것,
이것이 부처님들[33]의 가르침이다.

Not to do any evil, to cultivate good deeds, and to purify one's mind, — this is the Teaching of the Buddhas.
Sabbapāpassa akaraṇaṃ | kusalassa upasampadā | sacittapariyodapanaṃ| etaṃ buddhāna sāsanaṃ.

184 참는 인내는 최상의 고행이며
열반은 가장 훌륭하다고 깨달은 분들은 말한다.
참으로 남을 해치는 사람은 출가자가 아니며
남을 괴롭히는 사람은 사문이 아니다.

Forbearing patience is the highest austerity. Nibbāna is supreme, say the Buddhas. He, verily, is not a recluse who harms another. Nor is he an Samaṇa who oppresses others.
Khantī paramaṃ tapo titikkhā | nibbānaṃ paramaṃ vadanti buddhā | na hi pabbajito parūpaghātī | na samaṇo hoti paraṃ viheṭhayanto.

185 욕하지 않고, 해치지 않고,
계본[34]에 따라 절제하고,
음식에 적당량을 알고, 한가로이 앉고 눕고,
드높은 생각의 추구,
이것이 깨달은 분들의 가르침이다.

Not reviling, not harming, restraint according to the Patimokkha, knowing the measure regarding food, solitarily sitting and lying down, pursuit of higher thoughts, this is the Teaching of the Buddhas.
Anūpavādo anūpaghāto | pātimokkhe ca saṃvaro | mattaññutā ca bhattasmiṃ | pantañ ca sayanāsanaṃ | adhicitte ca āyogo | etaṃ buddhāna sāsanaṃ.

186 금화의 소나기에 의해서도
감각적 쾌락에 만족이란 없다.
감각적 쾌락은 작은 즐거움에 괴로움뿐이다.
이와 같이 알고서 지혜로운 사람은
187 천상의 쾌락에서조차도
즐거움을 구하지 않는다.
원만히 깨달으신 분의 제자는
(다만) 갈애의 부숨을 기뻐한다.

There is no satisfying sensual pleasure even by a shower of gold coins. Of little delight, but painful, are sensual pleasures. Knowing thus, the wise man finds no delight even in heavenly pleasures. The disciple of the Fully Enlightened One delights in the destruction of craving.

(186) Na kahāpaṇavassena | titti kāmesu vijjati | appassādā dukhā kāmā | iti viññāya paṇḍito. (187) Api dibbesu kāmesu | ratiṃ so n' adhigacchati | taṇhakkhayarato hoti | sammāsambuddhasāvako.

188 두려움에 위협을 받은 인간은
산과 숲, 동산, 나무, 사당과 같은 많은 의지처로 간다.
189 이것은 참으로 안온한 의지처가 아니다.
이것은 최상의 의지처가 아니다.
그런 의지처로 간다고 해서
모든 괴로움에서 벗어나는 것은 아니다.

(188) Humans who are threatened by fear betake themselves to many refuges, such as mountains, forests, park, trees and shrines. (189) Indeed, this is not a secure refuge, not the supreme refuge. One is not liberated from all suffering for even having gone to such a refuge.

(188) Bahūṃ ve saraṇaṃ yanti | pabbatāni vanāni ca | ārāmarukkhacetyāni | manussā bhayatajjitā. (189) N'etaṃ kho saraṇaṃ khemaṃ | n'etaṃ saraṇam uttamaṃ | n'etaṃ saraṇam āgamma | sabbadukkhā pamuccati.

190 부처님과 가르침과 승가의 귀의처로 간 사람은
바른 지혜로 '네 가지 거룩한 진리'를 본다.
191 (그것은) 괴로움, 괴로움의 원인,
괴로움의 극복, 괴로움의 소멸로 이끄는
'여덟 가지 거룩한 길'이다.

192 이것은 참으로 안온한 귀의처이다.
이것은 최상의 귀의처이다.
이런 귀의처로 감으로 해서
모든 괴로움에서 벗어난다.

(190) One who has gone for refuge to the Buddha, the Dhamma and the Sangha, sees 'The Four Noble Truth' with right wisdom. (191) Suffering, the Cause of Suffering, the Overcoming of Suffering, and the Noble Eightfold Path which leads to the Cessation of Suffering. (192) Indeed, this is the secure refuge, this is the supreme refuge. Having gone to such a refuge, one is released from all suffering.
(190) Yo ca buddhañ ca dhammañ ca | saṅghañ ca saraṇaṃ gato | cattāri ariyasaccāni | sammappaññāya passati.(191) Dukkhaṃ dukkhasamuppādaṃ | dukkhassa ca atikkamaṃ | ariyañcaṭṭhaṅgikaṃ maggaṃ | dukkhūpasamagāminaṃ. (192) Etaṃ kho saraṇaṃ khemaṃ | etaṃ saraṇam uttamaṃ | etaṃ saraṇam āgamma | sabbadukkhā pamuccati.

193 고귀한 분은 만나기 어렵고
그분은 아무 데서나 태어나지 않는다.
그 지혜로운 분이 태어나는 곳은 어디든지
그 가문은 행복하게 번영한다.

The 'Noble One' is hard to meet. He is not born everywhere. Wherever such a wise man is born, that clan thrives happily.
Dullabho purisājañño | na so sabbattha jāyati | yattha so jāyatī dhīro | taṃ kulaṃ sukhamedhati.

194 깨달은 분들의 (이 세상에) 오심은 행복이고
참된 가르침의 설하심도 행복이고
승가의 화합도 행복이고
화목한 분들의 수행도 행복이다.

Happy is the birth of Asakened Ones. Happy is the teaching of the true Dhamma. Happy is the harmony of the Sangha. Happy is the discipline of those in harmony.
Sukho buddhānaṃ uppādo | sukhā saddhammadesanā | sukhā saṇghassa sāmaggī | samaggānaṃ tapo sukho.

195 부처님이든 또는 제자들이나
공경할 만한 분을 공경하는 사람,
희론을 떠나고
슬픔과 한탄의 그 너머로 가신 분,
196 평화롭고 두려움이 없는 그와 같은 분들을
공경하는 사람의 공덕은, 어느 누구에 의해서도
'이만큼'이라고 헤아려질 수 없다.

He who reverences those worthy of reverence, whether Buddhas or disciples; he who has transcended the impediments and crossed over grief and lamentation; the merit of him who reverences such peaceful and fearless ones cannot be measured by anyone as this much.
(195) Pūjārahe pūjayato | Buddhe yadi va sāvake | papañcasamatikkante | tiṇṇasokapariddave. (196) Te tādise pūjayato | nibbute akutobhaye | na sakkā puññaṃ saṅkhātuṃ | im' ettam'iti kenaci.

15장

행복

Sukha Vagga

197 원한을 품은 자들 가운데 원한 없이
아! 우리는 아주 행복하게 산다.
원한을 품은 인간 가운데에서
우리는 원한 없이 산다.

Ah, so happily do we live without enmity among those with enmity. Among humans with enmity do we dwell without enmity.
Susukhaṃ vata jīvāma | verinesu averino | verinesu manussesu | vihārāma averino.

198 고뇌하는 사람들 가운데 고뇌 없이
아! 우리는 아주 행복하게 산다.
고뇌하는 인간 가운데에서
우리는 고뇌 없이 산다.

Ah, so happily do we live without affliction among those with affliction. Among humans with affliction do we dwell without affliction.
Susukhaṃ vata jīvāma | āturesu anāturā | āturesu manussesu | viharāma anāturā.

199 갈망하는 자들 가운데 갈망 없이
아! 우리는 아주 행복하게 산다.
갈망하는 인간들 가운데에서
우리는 갈망 없이 산다.

Ah, so happily do we live without yearning among those with yearning. Among humans with yearning do we dwell without yearning.
Susukhaṃ vata jīvāma | ussukesu anussukā | ussukesu manussesu | viharāma anussukā.

200 아무것도 가진 것 없이
아! 우리는 아주 행복하게 산다.
아밧사라 신들처럼
기쁨을 먹고 살아가리.

Ah, so happily do we live without posessions. We shall feed on joy like the Abhassara gods.
Susukhaṃ vata jīvāma | yesaṃ no natthi kiñcanaṃ | pītibhakkhā bhavissāma | devā ābhassarā yathā.

201 승리는 원한을 낳고
패한 자는 고통 속에 산다.
평온한 분은 승리와 패배를 버리고
행복하게 산다.

Victory breeds enmity; the defeated live in pain; the peaceful person lives happily, having abandoned victory and defeat.
Jayaṃ veraṃ pasavati | dukkhaṃ seti parājito | upasanto sukhaṃ seti | hitvā jayaparājayaṃ.

202 욕망과 같은 불은 없고
증오와 같은 죄악은 없다.
이 몸과[35] 같은 괴로움은 없고
평화로움보다 더 나은 행복은 없다.

There is no fire like passion and no crime like hatred. There is no suffering like this body and there is no happiness higher than peace.
Natthi rāgasamo aggi | natthi dosasamo kali | natthi khandhasamā dukkhā | natthi santiparaṃ sukhaṃ.

203 굶주림은 가장 큰 병이고

이 몸은[36] 가장 큰 괴로움이다.
이것을 사실 그대로 알면
열반은 최상의 행복이다.

Hunger is the greatest disease. This body is the greatest suffering. Knowing this as it really is, then Nibbāna is the highest happiness.
Jighacchā paramā rogā | saṅkhārā paramā dukhā | etaṃ ñatvā yathābhūtṃ | nibbānaṃ paramaṃ sukhaṃ.

204 건강은 최상의 이익이며
만족은 최상의 재물이며
신뢰는 최상의 친척이며
열반은 최상의 행복이다.

Health is the highest gain, contentment is the greatest wealth, trust is the best relative, nibbāna is the highest happiness.
Ārogyaparamā lābhā | santuṭṭhī paramaṃ dhanaṃ |
vissāsaparamā ñātī | nibbānaṃ paramaṃ sukhaṃ.

205 한적함의 맛과 고요함의 맛을 맛보고
담마의 기쁨의 맛을 마시면서
고뇌와 악에서 벗어난다.

Having tasted the flavour of seclusion and the flavour of tranquillity, drinking the flavour of the joys of Dhamma, he is free from affliction and evil.
Pavivekarasaṃ pītvā | rasaṃ upasamassa ca | niddaro hoti

nippāpo | dhammapītirasaṃ pibaṃ.

206 거룩한 분을 보는 것은 좋고
함께 지냄은 언제나 행복하다.
어리석은 자들을 만나지 않음으로써
언제나 행복하리.

It is good to see the Noble Ones; to live with them is always happy. By not seeing the foolish, one would ever be happy.
Sādhu dassanam ariyānaṃ | sannivāso sadā sukho | adassanena bālānaṃ | niccam eva sukhī siyā.

207 어리석은 자와 함께 걷는 사람은
오랜 세월 동안 슬퍼한다.
어리석은 자와의 친교는
적과 함께 (사는 것)처럼 항상 괴롭다.
지혜로운 자와의 친교는
친척들의 모임처럼 행복하다.

He who walks in the company with fools grieves for a long time. Association with the foolish is ever painful as living with an enemy; association with the wise is happy as gathering of relatives.
Bālasaṅgatacārī hi | dīghamaddhāna socati | dukkho bālehi saṃvāso | amitten' eva sabbadā | dhīro ca sukhasaṃvāso | ñātīnaṃ va samāgamo.

208 그러므로 참으로 총명하고, 지혜롭고,
많이 배우고, 인내심의 덕성이 있고,
책임감이 있고, 거룩한,
그와 같은 참되고 지혜로운 사람을 따라야 한다.
마치 달이 별들의 길을 따르듯이.

Therefore, the intelligent, the wise, the learned, having the virtue of enduring, the dutiful, the noble — with a man of such true and wise should one follow, as the moon follows the starry path.
Tasmā hi:- | dhīrañ ca paññañ ca bahussutañ ca | dhorayhasīlaṃ vatavantam āriyaṃ | taṃ tādisaṃ sappurisaṃ sumedhaṃ | bhajetha nakkhattapathaṃ va candimā.

16장

애정

Piya Vagga

209 합당하지 않은 것에 자신을 진력하고
합당한 것에는 진력하지 않고
이익을 버리고 쾌락을 좇는 사람은
자기 자신에 몰두하는 사람을 부러워한다.

One who exerts oneself in what is not befitting and in the befitting exerts not, having abandoned the beneficial, grasping for the pleasure, envies the one who applies himself.
Ayoge yuñjamattānaṃ | yogasmiñ ca ayojayaṃ | atthaṃ hitvā piyaggāhī | pihet' attānuyoginaṃ.

210 사랑하는 사람과 사귀지 말라.
사랑하지 않는 사람과도 결코 (사귀지 말라).
사랑하는 사람은 보지 못함이 괴로움이며
사랑하지 않는 사람은 보는 것이 또한 괴로움이다.

Do not associate with those who are dear, and never with those who are not dear; not seeing the dear ones is painful, and seeing those who are not dear is also painful.
Mā piyehi samāgañchi | appiyehi kudācanaṃ | piyānaṃ adassanaṃ dukkhaṃ | appiyānañ ca dassanaṃ.

211 그러므로 사랑하는 사람을 만들지 말라.
사랑하는 사람과 헤어짐은 참으로 괴롭다.
사랑하는 사람도 사랑하지 않는 사람도
없는 사람들에게는 얽매임이 없다.

Therefore, let one not make a loved one, for separation from the loved ones is suffering. There are no fetters for whom there is neither the dear nor nondear.
Tasmā piyaṃ na kayirātha | piyāpāyo hi pāpako | ganthā tesaṃ na vijjanti | yesaṃ natthi piyāppiyaṃ.

212 친애에서 슬픔이 생기고
친애에서 두려움이 생긴다.
친애에서 벗어난 이에게는 슬픔이 없는데
어찌 두려움이 있으랴.

From endearment arises sorrow, from endearment arises fear. To him who is free from endearment, there is no sorrow; how can there be fear?
Piyato jāyatī soko | piyato jāyatī bhayaṃ | piyato vippamuttassa | natthi soko kuto bhayaṃ.

213 애착에서 슬픔이 생긴다.
애착에서 두려움이 생긴다.
애착에서 벗어난 이에게는 슬픔이 없는데
어찌 두려움이 있으랴.

From affection arises sorrow, from affection arises fear. To him who is free from affection there is no sorrow; how can there be fear?
Pemato jāyati soko | pemato jāyati bhayaṃ | pemato vippamuttassa | natthi soko kuto bhayaṃ.

214 집착에서 슬픔이 생긴다.
집착에서 두려움이 생긴다.
집착에서 벗어난 이에게는 슬픔이 없는데
어찌 두려움이 있으랴.

From attachment arises sorrow, from attachment arises fear. To him who is free from attachment there is no sorrow; how can there be fear?
Ratiyā jāyati soko | ratiyā jāyati bhayaṃ | ratiyā vippamuttassa | natthi soko kuto bhayaṃ.

215 욕망에서 슬픔이 생기고
욕망에서 두려움이 생긴다.
욕망에서 벗어난 이에게는 슬픔이 없는데
어찌 두려움이 있으랴.

From passion arises sorrow, from passion arises fear. To him who is free from passion there is no sorrow; how can there be fear for him?
Kāmato jāyati soko | kāmato jāyati bhayaṃ | kāmato vippamuttassa | natthi soko kuto bhayaṃ.

216 갈애에서 슬픔이 생기고
갈애에서 두려움이 생긴다.
갈애에서 벗어난 이에게는 슬픔이 없는데
어찌 두려움이 있으랴.

From craving arises sorrow, from craving arises fear. To him who is free from craving there is no sorrow; how can there be fear?
Taṇhāya jāyati soko | taṇhāya jāyati bhayaṃ | taṇhāya vippamuttassa | natthi soko kuto bhayaṃ.

217 계행과 통찰력을 갖추고,
담마에 입각하여 진리를 설하고,
자기 자신의 일을 하는,
그를 사람들은 사랑한다.

He who is endowed with virtue and insight, who is established in

the Dhamma, speaking Truth, who performs his own tasks, him the people hold dear.
Sīladassanasampannaṃ | dhammaṭṭhaṃ saccavedinaṃ | attano kammakubbānaṃ | taṃ jano kurute piyaṃ.

218 말해질 수 없는 것(열반)에 대한 열망이 일어나고,
그의 마음이 (이것으로) 충만하고,
그의 마음이 감각적 쾌락에 묶이지 않는 사람은
'흐름을 거슬러가는 자'[37]라 불린다.

He in whom is born a wish for the 'Undeclared,' whose mind is filled with this wish, whose mind is not bound in sensual pleasures, — is called an 'Upstream-bound One.'
Chandajāto anakkhāte | manasā ca phuṭo siyā | kāmesu ca appaṭibaddhacitto | uddhaṃsoto'ti vuccati.

219 (어떤) 사람이 오랫동안 없다가
멀리서 안전하게 돌아오면,
친척들과 친구들과 지지자들이
돌아온 사람을 반긴다.

When a man who has long been absent and has returned home safely from a far, relatives, friends and well-wishers greet with delight the one who has returned.
Cirappavāsiṃ purisaṃ | dūrato sotthiṃ āgataṃ | ñātimittā suhajjā ca | abhinandanti āgataṃ.

220 마찬가지로 선행을 지어
이 세상에서 저 세상으로 가면
선행이 그를 맞이한다.
친척들이 돌아온 사랑하는 사람을 맞이하듯이.

In the same way, one who has done good deeds and has gone from this world to the next, the good deeds greet him like relatives greet a deer one who has returned.
Tath' eva katapuññam pi | asmā lokā paraṃ gataṃ | puññāni paṭiganḥanti | piyaṃ ñātī va āgataṃ.

17장

성냄

Kodha Vagga

221 성냄을 버리라. 교만을 버리라.
모든 속박을 극복하라.
(더러움에서) 벗어나고
몸과 마음에 집착하지 않는 사람에게
괴로움은 생기지 않는다.

Abandon anger. Abandon conceit. Overcome all fetters. Suffering do not befall one who does not cling to mind and body and is free from moral defilements.

Kodhaṃ jahe vippajaheyya mānaṃ | saññojanaṃ sabbam

atikkameyya | taṃ nāmarūpasmiṃ asajjamānaṃ | akiñcanaṃ nānupatanti dukkhā.

222 빗나가는 마차를 제어하듯이
일어난 분노를 제어할 수 있는 사람
그를 나는 마부라고 부른다.
다른 사람은 단지 고삐잡이일 뿐이다.

He who can control arisen wrath, like (a charioteer) controls a swerving chariot, him I call 'a charioteer.' Others is merely a reins-holder.
Yo ve uppatitaṃ kodhaṃ | rathaṃ bhantaṃ va dhāraye | tam ahaṃ sārathiṃ brūmi | rasmiggāho itaro jano.

223 자애로써 분노를 이기라.
선으로써 악을 이기라.
베풂으로써 인색한 자를 이기라.
진실로써 거짓말쟁이를 이기라.

Overcome wrath by loving-kindness. Overcome evil by goodness. Overcome the stingy by giving. Overcome the liar by truth.
Akkodhena jine kodhaṃ | asādhuṃ sādhunā jine | jine kadariyaṃ dānena | saccena alikavādinaṃ.

224 진실을 말하라. 성내지 말라.
조금 있더라도 청하는 사람에게 베풀어라.

이 세 가지에 의해 그는 신들의 곁으로 가리.

Speak the truth. Do not get angry. When asked, give even if you only have a little. By these three means, one would go to the presence of the gods.
Saccaṃ bhaṇe na kujjheyya | dajjā' ppasmim pi yācito | etehi tīhi ṭhānehi | gacche devāna santike.

225 해침이 없고
항상 몸으로 절제하는 성자들은
죽음이 없는 경지에 이른다.[38]
거기에 이르면 그들은 슬퍼하지 않는다.

Those sages who are harmless, and are always restrained in body, go to the deathless state, whither having gone, they do not grieve.
Ahiṃsakā ye munayo | niccaṃ kāyena saṃvutā | te yanti accutaṃ ṭhānaṃ | yattha gantvā na socare.

226 항상 깨어 있고,
밤낮으로 배우고,
열반으로 향하는 이들의
번뇌는 사라진다.

The defilements of those who always keep awake, learning day and night, who are bent on Nibbāna, disappear.
Sadā jāgaramānānaṃ | ahorattānusikkhinaṃ | nibbānaṃ adhimuttānaṃ | atthaṃ gacchanti āsavā.

227 이것은 오래된 것이니 아뚤라![39]
이것은 단지 오늘의 일이 아니다.
조용히 앉아 있다고 비난한다.
말을 많이 한다고 비난한다.
알맞게 말해도 역시 비난한다.
세상에서 비난받지 않는 사람은 없다.

This is an old (saying) Oh Atula, it is not just of today. They blame him who sit silent, they blame him who speaks much, they even blame him who speaks in moderation. There is no one who is not blamed in this world.
Porāṇam etaṃ atula | n'etaṃ ajjatanām iva | nindanti tuṇhim āsīnaṃ | nindanti bahubhāṇinaṃ | mitabhāṇinam pi nindanti | natthi loke anindito.

228 오직 비난만 받는 사람도,
오직 칭찬만 받는 사람도,
과거에도 없었고,
미래에도 없을 것이고,
현재에도 없다.

There was not and will not be, and now there is not found, a person who is solely blamed or solely praised.
Na cāhu, na ca bhavissati | na c'etarahi vijjati | ekantaṃ nindito poso | ekantaṃ vā pasaṃsito.

229 만일 지혜로운 사람이 매일매일 잘 살펴서

행동에 흠이 없고, 현명하고,
지혜와 계행을 갖춘 사람을 칭찬한다면
230 잠부 강에서 나는 금으로 만든 금화 같은
그를 누가 비난하랴.
신들도 그를 칭찬하고
브라흐마 신에 의해서도 또한 칭찬을 받는다.

If wise men, after due observation day after day, praise one who is faultless conduct, intelligent, and endowed with wisdom and virtue — who dares blame him who is like to a coin made of gold from the Jambu river? Even the gods praise him; he is praised even by Brahmā too.
(229) Yañ ce viññū pasaṃsanti | anuvicca suve suve | acchiddavuttiṃ medhāviṃ | paññāsīlasamāhitaṃ. (230) Nekkhaṃ jambonadass' eva | ko taṃ ninditum arahati | devā'pi naṃ pasaṃsanti | brahmunā'pi pasaṃsito.

231 몸의 성냄을 다스리라.
몸으로 절제하라.
몸의 나쁜 행실을 버리고
몸으로 좋은 행실을 하라.

One should control the anger of body. One should be restrained in body. Having abandoned the bodily evil deeds, one should practice good conduct with the body.
Kāyappakopaṃ rakkheyya | kāyena saṃvuto siyā | kāyaduccaritaṃ hitvā | kāyena sucaritaṃ care.

232 말의 성냄을 다스리라.
말로써 절제하라.
말의 악행을 버리고
말로써 선행을 하라.

One should control the anger of speech. One should be restrained in speech. Having abandoned evil conduct in speech, one should practice good conduct with speech.
Vacīpakopaṃ rakkheyya | vācāya saṃvuto siyā | vacīduccaritaṃ hitvā | vācāya sucaritaṃ care.

233 마음의 성냄을 다스리라.
마음으로 절제하라.
마음의 악행을 버리고
마음으로써 선행을 하라.

One should control the anger of mind. One should be restrained in mind. Having abandoned evil conduct in mind, one should practice good conduct with mind.
Manopakopaṃ rakkheyya | manasā saṃvuto siyā | manoduccaritaṃ hitvā | manasā sucaritaṃ care.

234 몸으로 절제된 지혜로운 사람들,
또한 말로 절제되고
마음으로 절제된 지혜로운 사람들.
그들은 참으로 완벽하게 절제된 분들이다.

The wise who are restrained in body, and also restrained in speech, the wise who are restrained in mind, they indeed are perfectly restrained.

Kāyena saṃvutā dhīrā | atho vācāya saṃvutā | manasā saṃvutā dhīrā | te ve suparisaṃvutā.

18장

더러움

Mala Vagga

235 그대는 이제 낙엽과 같다.
게다가 염라대왕의 사자들도 그대를 기다리고 있다.
그대는 떠남의 문턱에 서 있다.
더구나 그대에게는 길 떠남의 양식(공덕)조차 없구나.

You are now like a withered leaf. Even the messengers of Yama (death) wait on you. You stand at the threshold of departure, even you have no provisions for the journey.
Paṇḍupalāso'va'dāni'si | yamapurisā'pi ca taṃ upaṭṭhitā |uyyogamukheca tiṭṭhasi | pātheyyam pi ca te na vijjati.

236 그대는 자기 자신을 섬으로 삼으라.[40]
서둘러 정진하라. 지혜로운 자가 되라.
더러움을 깨끗이 하고, 허물을 벗어나면,
그대는 고귀한 분들의 천상의 영역에 도달하리.

Make an island for yourself. Strive quickly. Become a wise one. Having removed impurities and being free from defilements, you shall reach the heavenly realm of the Noble Ones.
So karohi dīpam attano | khippaṃ vāyama paṇḍito bhava | niddhantamalo anaṅgaṇo | dibbaṃ ariyabhūmim ehisi.

237 그대는 이제 노년에 이르렀다.
그대는 염라대왕의 앞으로 길을 떠났다.
도중에 그대를 위한 머물 곳도 없다.
더구나 그대에게는 길 떠남의
양식(공덕)조차 없구나.

You have come to an old age now. You are setting out to the presence of Yama. There is no halting-place for you on the way, even you have no provisions for the journey.
Upanītavayo ca'dāni'si | sampayāto'si yamassa santike | vāso'pi ca te natthi antarā | pātheyyam pi ca te na vijjati.

238 그대는 자기 자신을 섬으로 삼으라.
서둘러 정진하라. 지혜로운 자가 되라.
더러움을 깨끗이 하고 허물에서 벗어나면

그대는 다시는 태어남과 늙음을 겪지 않으리.

Make an island for yourself. Strive quickly. Become a wise one. Having removed impurities and being free from defilements, you shall not undergo birth and old age again.
So karohi dīpam attano | khippaṃ vāyama paṇḍito bhava | niddhantamalo anaṅgaṇo | na puna jātijaraṃ upehisi.

239 지혜로운 사람은 점차적으로
조금씩 조금씩, 매 순간순간
자신의 더러움을 제거해야 한다.
대장장이가 은의 (때를) 벗기듯.

Little by little, moment by moment, a wise man should remove his own impurities, as a smith removes the dross of silver.
Anupubbena medhāvī | thokathokaṃ khaṇe khaṇe | kammāro rajatass' eva | niddhame malam attano.

240 쇠에서 생겨난 녹이
그것에서 생겨서 바로 그것을 먹는 것처럼,
이처럼 자신의 행위가
규칙을 범하는 자를 나쁜 곳으로 이끈다.

Just as rust arising from iron, springing from that, eat that itself, even so the one's own deeds lead the transgressor to a state of woe.
Ayasā' va malaṃ samuṭṭhitaṃ | taduṭṭhāya tam eva khādati | evaṃ atidhonacārinaṃ | sakakammāni nayanti duggatiṃ.

241 독경하지 않음은 경전의 녹이고
돌보지 않음은 집의 녹이고
게으름은 용모의 녹이고
방일은 깨어 있는 사람의 녹이다.

Non-recitation is the stain of the scripture. Non-maintenance is the stain of houses. Sloth is the stain of physical appearance. Heedlessness is the stain of a watcher.
Asajjhāyamalā mantā | anuṭṭhānamalā gharā | malaṃ vaṇṇassa kosajjaṃ | pamādo rakkhato malaṃ.

242 나쁜 행실은 여인의 더러움이며
인색은 보시자의 더러움이며
악한 것들은 참으로
이 세상과 저 세상의 더러움이다.
243 이런 더러움보다 더 나쁜 더러움,
가장 나쁜 더러움은 어리석음이다.
이 더러움을 버리고
더러움에서 벗어나라. 오! 비구들이여!

(242) Misconduct is the taint of a woman; stinginess is the taint of a donor; evil things are indeed taints in this world and in the next. (243) A worse taint than these, the greatest taint is ignorance. Abandoning this taint, be taintless, O bhikkhus.
(242) Mal' itthiyā duccaritaṃ | maccheraṃ dadato malaṃ | malā ve pāpakā dhammā | asmiṃ loke paramhi ca. (243) Tato malā malataraṃ | avijjā paramaṃ malaṃ | etaṃ malaṃ pahatvāna | nimmalā hotha bhikkhavo.

244 까마귀처럼 염치없고, (남을) 비방하고,
뻔뻔스럽고, 건방지고, 타락한,
부끄러움이 없는 사람의 삶은 (살기) 쉽다.

Easy to live is the life of a shameless one who is as impudent as a crow, back-biting, a braggart, arrogant, and corrupt.
Sujīvaṃ ahirikena | kākasūrena dhaṃsinā | pakkhandinā pagabbhena | saṃkiliṭṭhena jīvitaṃ.

245 항상 청정함을 추구하고,
집착하지 않고, 건방지지 않고,
청정한 삶을 살고, 통찰력이 있는,
부끄러움을 아는 사람의 삶은 (살기) 어렵다.

Hard to live is the life of one who know shame, one who ever seeks purity, who is detached, not impudent, clean in life, and insightful.
Hirīmatā ca dujjīvaṃ | niccaṃ sucigavesinā | alīnen' apagabbhena | suddhājīvena passatā.

246 누구든지 이 세상에서 생명을 죽이고,
거짓말을 하고, 주지 않는 것을 취하고,
남의 아내에게로 가고,
247 취하게 하는 술에 빠지는 사람은
바로 여기 이 세상에서 자신의 뿌리를 파낸다.

Whoever in this world destroys life, tells lies, takes what is not

given, goes to another's wife, and indulges in intoxicating liquors, right here in this world he digs up his own root.
(246) Yo pāṇam atipāteti | musāvādañ ca bhāsati | loke adinnaṃ ādiyati | paradārañ ca gacchati. (247) Surāmerayapānañ ca | yo naro anuyuñjati | idh' evam eso lokasmiṃ | mūlaṃ khaṇati attano.

248 오, 그대여, 이와 같이 알라.
악한 것들은 '절제되지 못한 것'이라고.
탐욕과 사악함이 그대를
오랫동안 괴로움으로 억누르게 하지 말라.

Know thus, O man! 'Evil things are unrestrained.' Let not greed and wickedness oppress you prolonged suffering.
Evaṃ bho purisa jānāhi | pāpadhammā asaṃyatā | mā taṃ lobho adhammo ca | ciraṃ dukkhāya randhayuṃ.

249 사람들은 그들의 믿음에 따라서
그리고 기쁨에 따라서 보시한다.
다른 사람이 (얻은) 음식과 음료를 시기하는 사람은[41]
밤이나 낮이나 삼매를 얻지 못한다.
250 그러나 이것을 박멸하고,
뿌리째 뽑아버리고, 제거한 사람은
밤이나 낮이나 삼매를 얻는다.

(249) People give according to their faith and pleasure. Whoever therein is envious of other's food and drink, does not attain samādhi by day and by night. (250) But he who has this fully

extirpated, uprooted, and removed, attains samādhi by day and by night.
(249) Dadāti ve yathāsaddhaṃ | yathāpasādanaṃ jano | tattha yo maṅku bhavati | paresaṃ pānabhojane | na so divā vā rattiṃ vā | samādhiṃ adhigacchati. (250) Yassa c'etaṃ samucchinnaṃ | mūlaghaccaṃ samūhataṃ | sa ve divā vā rattiṃ vā | samādhiṃ adhigacchati.

251 욕망과 같은 불은 없고
증오와 같은 옥죔은 없고
어리석음과 같은 그물은 없고
갈애와 같은 강은 없다.

There is no fire like passion; there is no grip like hatred; there is no net like ignorance, there is no river like craving.
Natthi rāgasamo aggi | natthi dosasamo gaho | natthi mohasamaṃ jālaṃ | natthi taṇhāsamā nadī.

252 다른 사람의 잘못은 쉽게 보인다.
그러나 자신의 (잘못은) 보기 어렵다.
다른 사람의 잘못들은 왕겨처럼 까부른다.
그러나 자신의 (잘못은) 숨긴다.
교활한 도박꾼이 운이 나쁜 주사위를 감추듯이.

The faults of others are easily seen, but one's own faults are perceived with difficulty. One winnows the faults of others like chaff, but conceals his own faults as a crafty gambler conceals the unlucky die.

Sudassaṃ vajjam aññesaṃ | attano pana duddasaṃ | paresaṃ hi so vajjāni | opuṇāti yathābhusaṃ | attano pana chādeti | kaliṃ va kitavā saṭho.

253 남의 잘못을 보고
항상 애를 태우는 사람은
그의 번뇌는 자라지만
번뇌의 소멸은 멀어진다.

He who sees the faults of others, is constantly irritable — his defilements grow, but he is far from the extinction of defilements.
Paravajjānupassissa | niccaṃ ujjhānasaññino | āsavā tassa vaḍḍhanti | ārā so āsavakkhayā.

254 허공에는 발자취가 없다.
(붓다의 가르침) 바깥에는 사문이 없다.[42]
인간은 희론[43]을 즐기지만
여래[44]는 희론에서 떠났다.

There is no footprint in the sky. There is no samaṇa outwardly. Mankind delights in the illusory world; but the Tathāgatā (Buddha) find no delight therein.
Ākāse padaṃ natthi | samaṇo natthi bāhire | papañcābhiratā pajā | nippapañcā tathāgatā.

255 허공에는 발자취가 없다.

(붓다의 가르침) 바깥에는 사문이 없다.
형성된 것은 영원하지 않다.
깨달은 분들에게는 동요가 없다.

There is no footprint in the sky. There is no samaṇa outwardly. No component things are eternal. There is no instability in the Buddhas.
Ākāse padaṃ natthi | samaṇo natthi bāhire | saṅkhārā sassatā natthi | natthi buddhānam iñjitaṃ.

19장

진리에 서 있는 사람

Dhammaṭṭha Vagga

256 어떤 경우에 성급하게 일을 하면
그런 이유로 그는 '진리에 서 있는
사람'이 되지 못한다.
지혜로운 사람은 옳고 그름의
양쪽을 (잘) 살펴야 한다.

He who performs a case hastily does not thereby become "Standing in the Dhamma." The wise man should investigate both right and wrong.

Na tena hoti dhammaṭṭho | yen' atthaṃ sahasā naye | yo ca

atthaṃ anatthañ ca | ubho niccheyya paṇḍito.

257 성급하지 않고, 진리에 의해서 공정하게
다른 사람들을 인도하는 사람,
진리의 보호자, 지혜로운 사람은
'진리에 서 있는 사람'이라고 불린다.

Who leads others impartially with truth, not hastily, who is a guardian of the truth, the wise one is called "Standing in the Dhamma."
Asāhasena dhammena | samena nayatī pare | dhammassa gutto medhāvī | dhammaṭṭho ti pavuccati.

258 말을 많이 한다고 해서
그로 인해 지혜로운 사람인 것은 아니다.
평온하고, 증오가 없고, 두려움이 없는 사람
그는 지혜로운 사람이라 불린다.

One is not thereby a wise one merely because one speaks much. He who is peaceful, without enmity, without fear is called 'wise one.'
Na tena paṇḍito hoti | yāvatā bahu bhāsati | khemī averī abhayo | paṇḍito ti pavuccati.

259 말을 많이 한다고 해서
그로 인해 '담마에 정통한' 사람인 것은 아니다.

들은 것이 적더라도 스스로 담마를 보고
담마에 방일하지 않는 사람은
그는 참으로 '담마에 정통한' 사람이다.

He is not thereby 'versed in the Dhamma' merely because he speaks much. He who hears a little but sees the Dhamma for himself, and who does not heedless the Dhamma, is, indeed, 'versed in the Dhamma.'
Na tāvatā dhammadharo | yāvatā bahu bhāsati | yo ca appam pi sutvāna | dhammaṃ kāyena passati | sa ve dhammadharo hoti | yo dhammaṃ nappamajjati.

260 머리카락이 세었다고 해서
테라[45]가 되는 것은 아니다.
(단지) 나이만 먹었다면
그는 '헛되이 늙은 사람'이라고 불린다.

He does not become a Thera because his hair is grey. He who is ripe only in years is called 'one grown old in vain.'
Na tena thero so hoti | yen' assa phalitaṃ siro | paripakko vayo tassa | moghajiṇṇo ti vuccati.

261 진리와 담마, 비폭력, 자아 절제,
자기 다스림이 있는
더러움을 떠난 지혜로운 사람.
그는 참으로 '테라'라고 불린다.

In whom there is truth and dhamma, harmlessness, restrain, self-

control, that wise man who has cast out impurities is indeed called a "Thera."
Yamhi saccañ ca dhammo ca | ahiṃsā saṃyamo damo | sa ve vantamalo dhīro | thero ti pavuccati.

262 언변 때문에
또는 용모의 아름다움에 의해서,
시기하고, 탐욕스럽고, 교활한 사람이
존경할 만한 사람이 되는 것은 아니다.

Not by mere ornate speech, nor by a beautiful appearance, does a man who is envious, avaricious, and crafty become worthy of respect.
Na vākkaraṇamattena | vaṇṇapokkharatāya vā | sādhurūpo naro hoti | issukī maccharī saṭho.

263 그러나 이것을 끊고, 뿌리째 뽑아버리고,
제거하고, 성냄을 버린 지혜로운 사람은
참으로 존경할 만한 사람이라 불린다.

But in whom these are wholly cut off, uprooted and extinct, that wise man who has cast out anger is indeed called "worthy of respect."
Yassa c'etaṃ samucchinnaṃ | mūlaghaccaṃ samūhataṃ | sa vantadoso medhāvī | sādhurūpo ti vuccati.

264 거짓을 말하고, 규범을 어기는 사람이

깎은 머리에 의해 사문[46]인 것은 아니다.
욕망과 탐욕을 가진 사람이 어찌 사문이랴?

Not by a shaven head does one who offends against the moral obligation and speaks untruth become a recluse. How can one possessed of longing and greed become a recluse?
Na muṇḍakena samaṇo | abbato alikaṃ bhaṇaṃ | icchālobhasamāpanno | samaṇo kiṃ bhavissati.

265 그러나 크고 작은 악들을
모두 함께 정복한 사람은,
악들을 가라앉혔기 때문에
그는 사문이라 불린다.

But he who all together subdues evils, small and great, is called a samaṇa because he has quieted evils.
Yo ca sameti pāpāni | aṇuṃ thūlāni sabbaso | samitattā hi pāpānaṃ | samaṇo ti pavuccati.

266 다른 사람에게 탁발하기 때문에
비구가 되는 것은 아니다.
역겨운 담마를 지니고 있으면
그로 인해 그는 비구가 되지 못한다.

He does not become a bhikkhu merely because he begs alms from others. He cannot become thereby a bhikkhu if he embraces repulsive Dhamma.
Na tena bhikkhu so hoti | yāvatā bhikkhate pare | vissaṃ

dhammaṃ samādāya | bhikkhu hoti na tāvatā.

267 공덕도 악행도 초월하고
여기에서 청정한 삶을 살고,
이 세상에서 신중하게 사는 사람,
그는 참으로 비구라 불린다.

He who has transcended both merit and evil action, who lives here a life of purity and lives carefully in this world, he truly is called a bhikkhu.
Yo' dha puññañ ca pāpañ ca | bāhetvā brahmacariyavā | saṅkhāya loke carati | sa ve bhikkhū'ti vuccati.

268 우둔하고 어리석은 사람이
침묵에 의해 성자가 되는 것은 아니다.
그러나 마치 (한 쌍의) 저울을 들고 있는 것처럼,
지혜로운 사람은 가장 훌륭한 것을 취한다.[47]
269 (그리고) 악을 피한다.
그는 성자이다. 그로 인해 그는 성자이다.
(선과 악의) 양쪽 세상을 아는 사람은
그로 인해 성자라고 불린다.

(268) Not by silence does he become a sage, who is dull and ignorant. But the wise man who, as if grasping a pair of scales, takes up the best (269) and shuns evil, he is a sage. For that reason he is a sage. He who understands both worlds is, for that, called a sage.

(268) Na monena munī hoti | mūḷharūpo aviddasu | yo ca tulaṃ va paggayha | varam ādāya paṇḍito. (269) Pāpāni parivajjeti | sa munī tena so munī | yo muṇāti ubho loke | munī tena pavuccati.

270 생명을 해친다면, 그로 인해
그는 거룩한 사람이 되지 못한다.
모든 생명에 대하여 해침이 없는 사람은
거룩한 분이라 불린다.

He does not therefore become a Noble One if he harms living beings. One who is harmless toward all living beings is called Noble One.
Na tena ariyo hoti | yena pāṇāni hiṃsati | ahiṃsā sabbapāṇānaṃ | ariyo ti pavuccati.

271 계행과 고행에 의해서도, 또는 많은 학식에 의해서도,
삼매를 얻음에 의해서도, 한적한 머묾에 의해서도,
272 (생각하기를) '일반 사람들이 누릴 수 없는 출가의
축복을 나는 누린다.'에 의해서도,
비구여, 번뇌의 소멸을 얻음이 없이는 자만에 빠지지 마라.

(271) Not merely by precepts and austerities, nor by much learning, nor by acquiring concentration, nor by dwelling in seclusion, (thinking) (272) "I enjoy the bliss of renunciation that is not enjoyed by common worldlings" (not with these) should you, O bhikkhu, get not into contentedness without attaining the extinction of moral defilements.

(271) Na sīlabbatamattena | bāhusaccena vā puna | atha vā samādhilābhena | vivicca sayanena vā. (272) Phusāmi nekkhammasukhaṃ | aputhujjanasevitaṃ | bhikkhu vissāsamāpādi | appatto āsavakkhayaṃ.

20장

길

Magga Vagga

273 길 가운데 '여덟 가지 바른 길'이 최상이고,
진리 가운데 '네 가지 거룩한 진리'가 최상이고,
담마 가운데 열반이 최상이다.
두 발 가진 자 가운데 (지혜의) 눈을 가진 분이 최상이다.[48]

274 이것은 유일한 길이다.
봄의 청정을 위하여 다른 것은 없다.
그대들은 이 길을 따르라.
이것은 악마를 당혹케 할 것이다.[49]

(273) Of paths the Eightfold Path is the best; of truths the Four Noble Truths are the best; of dhammas nibbāna is the best: of two-footed ones, the one endowed with eyes is the best. (274) This is the only path; there is none other thing for the purification of vision. Do you follow this path. This will bewilder Māra.
(273) Maggān' aṭṭhaṅgiko seṭṭho | saccānaṃ caturo padā | virāgo seṭṭho dhammānaṃ | dipadānañ ca cakkhumā. (274) Eso va maggo n' atth' añño | dassanassa visuddhiyā | etamhi tumhe paṭipajjatha | mārass' etaṃ pamohanaṃ.

275 그 길에 들어서면
그대들은 괴로움의 종식을 이루리라.
화살의 제거를 알기에
나는 그 길을 보여주었다.

Entering upon that path, you will make an end of suffering. Having known the removal of the arrows, have I shown you the path.
Etamhi tumhe paṭipannā | dukkhass' antaṃ karissatha | akkhāto ve mayā maggo | aññāya sallasantthanaṃ.

276 그대들은 열심히 정진해야 한다.
여래는 (다만 진리를) 설하는 분이시다.
(이 길에) 들어선 명상하는 사람은
악마의 속박에서 벗어나리.

You should make an effort. The tathagatas are only preachers. The meditative ones who enter this path will be released from the

bonds of Māra.
Tumhehi kiccaṃ ātappaṃ | akkhātāro tathāgatā | paṭipannā pamokkhanti | jhāyino mārabandhanā.

277[50] '모든 형성된 것은 무상하다.'라고
지혜로 볼 때,
그때 괴로움의 (세상에) 넌더리가 난다.
이것이 청정의 길이다.

"All component things are impermanent" — when one sees this with wisdom, then one is disgusted with this world of suffering. This is the path to purification.
Sabbe saṅkhārā aniccā ti | yadā paññāya passati | atha nibbindatī dukkhe | esa maggo visuddhiyā.

278 '모든 형성된 것은 괴로움이다.'라고
지혜로 볼 때,
그때 괴로움의 (세상에) 넌더리가 난다.
이것이 청정의 길이다.

"All component things are suffering" — when one sees this with wisdom, then one is disgusted with this world of suffering. This is the path to purification.
Sabbe saṅkhārā dukkhā ti | yadā paññāya passati | atha nibbindatī dukkhe | esa maggo visuddhiyā.

279 '모든 것은 실체가 없다.'라고

지혜로 볼 때,
그때 괴로움의 (세상에) 넌더리가 난다.
이것이 청정의 길이다.

"All phenomena are non-self" — when one sees this with wisdom, then one disgusted with this world of suffering. This is the path to purification.
Sabbe dhammā anattā ti | yadā paññāya passati | atha nibbindatī dukkhe | esa maggo visuddhiyā.

280 노력해야 할 때에 노력하지 않고,
젊고 강하지만 게으르고,
마음과 의지가 지쳐 빠진,
그런 무기력하고 나태한 사람은
지혜의 길을 찾지 못한다.

He who strives not when he should strive, who, although youthful and strong, is slothful, is exhausted in mind and thought — such an inactive and lazy person does not find the path to wisdom.
Uṭṭhānakālamhi anuṭṭhahāno | yuvā balī ālasiyaṃ upeto | saṃsannasaṅkappamano kusīto | paññāya maggaṃ alaso na vindati.

281 말을 조심하고
마음을 잘 절제하고
몸으로 악행을 짓지 말라.
이 세 가지 행위의 길을 깨끗이 하라.

성자에 의해 알려진 길을 성취하라.

Be watchful of speech, be well restrained in mind and do not commit evil deed with the body. Let him purify this threefold avenue of action. Let one fulfill the path made known by the sages.
Vācānurakkhī manasā susaṃvuto | kāyena ca akusalaṃ na kayirā | ete tayo kammapathe visodhaye | ārādhaye maggaṃ isippaveditaṃ.

282 명상으로부터 지혜가 생긴다.
명상이 없으면 지혜가 상실된다.
얻음과 잃음의 이 두 길을 알고
지혜가 증가하도록
자기 자신을 처신하여야 한다.

From meditation arises wisdom. Without meditation wisdom is lost. Knowing this twofold path of gain and loss, one should conduct oneself so that wisdom may increase.
Yogā ve jāyati bhūri | ayogā bhūrisaṅkhayo | etaṃ dvedhāpathaṃ ñatvā | bhavāya vibhavāya ca | tath' attānaṃ niveseyya | yathā bhūri pavaḍḍhati.

283[51] (욕망의) 숲을 베어라, 나무(만 베지) 말고,
(욕망의) 숲에서 두려움이 생긴다.
(욕망의) 숲과 덤불을 자르고
(욕망의) 숲이 없는 자가 되라, 비구들이여.

Cut down the forest (of passion), not just a tree. From the forest arises fear. Having cut down both the forest and the underbrush, be forestless, Oh bhikkhus!
Vanaṃ chindatha mā rukkhaṃ | vanato jāyatī bhayaṃ | chetvā vanañ ca vanathañ ca | nibbanā hotha bhikkhavo.

284 남자의 여자에 대한 덤불이
아주 작더라도 잘라지지 않는 한,
젖먹이 송아지가 어미에 매이듯
그처럼 그의 마음은 묶여 있다.

As long as the brush wood of a man towards woman is not cut down even to the smallest bit, so long is his mind bound as a suckling calf is bound to its mother.
Yāvaṃ hi vanatho na chijjati | aṇumatto pi narassa nārisu | paṭibaddhamano va tāva so | vaccho khīrapako va mātari.

285 가을에 연꽃을 손으로 (꺾듯이)
자기 자신에 대한 애착을 끊으라.
붓다께서 설하신 열반,
평온의 길을 연마하라.

Cut off the affection of self as one would pluck an autumnal lotus with the hand. Cultivate the path of peace — the nibbāna as expounded by the Buddha.
Ucchinda sineham attano | kumudaṃ sāradikaṃ va pāṇinā | santimaggam eva brūhaya | nibbānaṃ sugatena desitaṃ.

286 '나는 여기서 우기를 지낼 것이다.
여기서 겨울도 여름도 지낼 것이다.'
이와 같이 어리석은 자는 생각한다.
그는 (죽음의) 위험을 알지 못한다.

"Here I shall dwell in the rainy season, here I shall dwell in winter and summer." Thus the fool thinks. He does not know the danger (of death).
Idha vassaṃ vasissāmi | idha hemantagimhisu | iti bālo vicinteti | antarāyaṃ na bujjhati.

287 자식과 가축에 빠져버린
집착된 마음의 사람은
죽음이 잡아간다,
큰 홍수가 잠든 마을을 (휩쓸어 가듯이).

The man with a clinging mind, inebriated by sons and cattle, death seizes and carries away, as a great flood (sweeps away) a sleeping village.
Taṃ puttapasusammattaṃ | byāsattamanasaṃ naraṃ | suttaṃ gāmaṃ mahogho' va | maccu ādāya gacchati.

288 (그대의) 의지처를 위한 자식들은 없다.
아버지도 아니고 또한 가족도 아니다.
죽음에 잡힌 이에게
친척 중에도 의지처는 없다.

There are no sons for shelter, neither father nor family. For one seized by death, there is no shelter among relations.
Na santi puttā tāṇāya | na pitā napi bandhavā |
antakenādhipannassa | natthi ñātīsu tāṇatā.

289 이 사실을 알고
계행에 따라 절제를 하는 지혜로운 사람은
열반으로 이끄는 길을
서둘러 깨끗이 하라.

Knowing this fact, let the wise man, restrained by virtue, quickly clear the way that leads to nibbāna.
Etam atthavasaṃ ñatvā | paṇḍito sīlasaṃvuto | nibbānagamanaṃ maggaṃ | khippam eva visodhaye.

21장

여러 가지

Pakiṇṇaka Vagga

290 만일 작은 행복을 버림으로써
큰 행복을 본다면,
지혜로운 사람은 큰 행복을 보면서
작은 행복을 버려야 하리.

If by renouncing a small happiness, one would see a large one, let the wise one beholding large happiness abandon a small happiness.
Mattāsukhapariccāgā | passe ce vipulaṃ sukhaṃ | caje mattāsukhaṃ dhīro | sampassaṃ vipulaṃ sukhaṃ.

291 다른 사람에게 고통을 줌으로써
자신의 행복을 구하는 사람은,
증오의 속박에 얽혀서
증오에서 벗어나지 못한다.

He who desires his own happiness, by inflicting suffering on others, is not freed from hatred, being entangled himself in the bonds of hatred.
Paradukkhūpadānena | attano sukham icchati | verasaṃsaggasaṃsaṭṭho | verā so na parimuccati.

292 해야 할 것은 하지 않고
하지 말아야 할 것은 하는,
교만하고 깨어 있지 못한 자들에게
번뇌는 늘어만 간다.

Defilements increase for the arrogant and unawakened who leave what should be done undone and do what should not be done.
Yaṃ hi kiccaṃ apaviddhaṃ | akiccaṃ pana kayirati | unnalānaṃ pamattānaṃ | tesaṃ vaḍḍhanti āsavā.

293 몸에 대한 마음챙김을 항상 잘 실천하고,
하지 말아야 할 것은 하지 않고,
해야 할 것은 끈기 있게 하고,
주의 깊고, 알아차리는 사람들에게
번뇌는 사라진다.

Those who always well practice 'mindfulness on the body,' who do not what should not be done, and constantly do what should be done, to those mindful and attentive ones the defilements come to an end.
Yesañ ca susamāraddhā | niccaṃ kāyagatā sati | akiccaṃ te na sevanti | kicce sātaccakārino | satānaṃ sampajānānaṃ | atthaṃ gacchanti āsavā.

294[52] 갈애와 자만과 잘못된 견해를 베어버리고
감각기관과 그 집착을 함께 부수어버리고,
성자는 동요 없이 (그의 길을) 간다.

Having slain craving and conceit, wrong views, and having destroyed sense faculties together with attachment, the holy man goes his way unperturbed.
Mātaraṃ pitaraṃ hantvā | rājāno dve ca khattiye | raṭṭhaṃ sānucaraṃ hantvā | anīgho yāti brāhmaṇo.

295 갈애와, 자만과, 잘못된 견해를 베어버리고,
장애를 부수어버리고,
성자는 동요 없이 (그의 길을) 간다.

Having slain craving and conceit, wrong views, and having destroyed hindrances, the holy man goes his way unperturbed.
Mātaraṃ pitaraṃ hantvā | rājāno dve ca sotthiye | veyyagghapañcamaṃ hantvā | anīgho yāti brāhmaṇo.

296 고따마[53]의 제자들은
항상 잘 깨어 있다.
밤이나 낮이나 언제나
부처님에 대한 마음집중에 머문다.

The disciples of Gotama are always well awake. They by day and by night constantly abide mindfulness on the Buddha.
Suppabuddhaṃ pabujjhanti | sadā Gotamasāvakā | yesaṃ divā ca ratto ca | niccaṃ buddhagatā sati.

297 고따마의 제자들은
항상 잘 깨어 있다.
밤이나 낮이나 언제나
담마(가르침)에 대한 마음집중에 머문다.

The disciples of Gotama are always well awake. They by day and by night constantly abide mindfulness on the dhamma.
Suppabuddhaṃ pabujjhanti | sadā Gotamasāvakā | yesaṃ divā ca ratto ca | niccaṃ dhammagatā sati.

298 고따마의 제자들은
항상 잘 깨어 있다.
밤이나 낮이나 언제나
승가에 대한 마음집중에 머문다.

The disciples of Gotama are always well awake. They by day and by night constantly abide mindfulness on the Sangha.

Suppabuddhaṃ pabujjhanti | sadā Gotamasāvakā | yesaṃ divā ca ratto ca | niccaṃ saṅghagatā sati.

299 고따마의 제자들은
항상 잘 깨어 있다.
밤이나 낮이나 언제나
몸에 대한 마음집중에 머문다.

The disciples of Gotama are always well awake. They by day and by night constantly abide mindfulness on the body.
Suppabuddhaṃ pabujjhanti | sadā Gotamasāvakā | yesaṃ divā ca ratto ca | niccaṃ kāyagatā sati.

300 고따마의 제자들은 항상 잘 깨어 있다.
밤이나 낮이나 마음은 비폭력을 기뻐한다.

The disciples of Gotama are always well awake. Their mind, by day and night delights in nonviolence.
Suppabuddhaṃ pabujjhanti | sadā Gotamasāvakā | yesaṃ divā ca ratto ca | ahiṃsāya rato mano.

301 고따마의 제자들은 항상 잘 깨어 있다.
밤이나 낮이나 마음은 명상을 기뻐한다.

The disciples of Gotama are always well awake. Their mind, by day and night delights in meditation.
Suppabuddhaṃ pabujjhanti | sadā Gotamasāvakā | yesaṃ divā ca

ratto ca | bhāvanāya rato mano.

302 출가는 어렵고, 거기서 기뻐하기도 어렵다.
가정생활은 어렵고 고통스럽다.
마음이 안 맞는 사람과 사는 것도 괴로움이다.
괴로움은 (윤회의) 떠돌이에게 생긴다.
그러므로 (윤회의) 떠돌이가 되지 말고
괴로움에 빠진 자가 되지 말라.

It is difficult to go forth; it is difficult to delight therein. It is difficult and painful a householder's life; it is suffering to live with different temperament. Suffering befalls a wanderer in Saṃsāra. Therefore, do not be a wanderer, do not be the one who is fallen into suffering.
Duppabbajjaṃ durabhiramaṃ | durāvāsā gharā dukhā | dukkho' samānasaṃvāso | dukkhānupatit' addhagū | tasmā na c' addhagū siyā | na ca dukkhānupatito siyā.

303 신뢰와 계행을 갖추고
명예와 재물을 가진 사람은
어느 곳으로 가든지
모든 곳에서 존경받는다.

He who is endowed with confidence and virtue, possessed of fame and wealth, he is honored everywhere, in whatever region he goes.
Saddho sīlena sampanno | yasobhogasamappito | yaṃ yaṃ

padesaṃ bhajati | tattha tatth eva pūjito.

304 선한 분은 히말라야 산처럼
멀리서도 보인다.
악한 사람은 (바로) 여기서도 보이지 않는다.
마치 밤에 쏜 화살처럼.

Even from afar the good ones are visible like the Himalaya mountains. Though here, the wicked are invisible like arrows shot in the night.
Dūre santo pakāsenti | himavanto' va pabbato | asant' ettha na dissanti | ratti khittā yathā sarā.

305 홀로 앉고, 홀로 눕고,
홀로 걷고, 부지런하고,
홀로 자신을 길들이는 사람은
숲에서 즐거워하리.

Sitting alone, lying down alone, walking alone, and being diligent, he who tames self alone, would be delighted in the forest.
Ekāsanaṃ ekaseyyaṃ | eko caram atandito | eko damayam attānaṃ | vanante ramito siyā.

22장

지옥

Niraya Vagga

306 거짓말하는 사람은 지옥으로 간다.
행하고 나서 "나는 그것을 하지 않았다."고 말하는 사람도
(마찬가지다).
(이런) 비천한 행동의 사람들은
죽은 후 둘 다 저 세상에서 똑같이 된다.

The liar goes to hell and also he who, having done says, "I did not do it." People of such base action, both after death become equal in the next world.
Abhūtavādī nirayaṃ upeti | yo cāpi katvā na karomī'ti c'āha |

ubho'pi te pecca samā bhavanti | nihīṇakammā manujā parattha.

307 노란 가사를 목에 걸친 많은 사람들은
악한 성품과 절제되지 못한 자들이다.
악한 자들은 악한 행위에 의해
지옥에 태어난다.

Many of those who wear the yellow robe about their neck are of evil character and unrestrained. The evil ones are born in hell by their evil deeds.
Kāsāvakaṇṭhā bahavo | pāpadhammā asaññatā | pāpā pāpehi kammehi | nirayaṃ te upapajjare.

308 계행이 없고 절제함이 없는 자가
지역 사람들의 탁발 음식을 먹는 것보다
불꽃처럼 뜨거운
쇳덩이를 먹는 것이 더 낫다.

It is better for an immoral and unrestrained person to eat a hot iron ball, like a flame of fire, than to eat country's alms food.
Seyyo ayoguḷo bhutto | tatto aggisikhūpamo | yañ ce bhuñjeyya dussīlo | raṭṭhapiṇḍaṃ asaññato.

309 남의 아내를 범하는
방일한 사람은 네 가지 경우가 생긴다:
악덕을 얻고, 편히 잠들지 못하고,

세 번째는 비난을, 네 번째는 지옥이다.
310 (이처럼) 악덕의 얻음과 나쁜 곳(지옥)이 있다.
겁에 질린 남자의 겁에 질린 여자와의 쾌락은 짧다.
왕도 또한 무거운 벌을 준다.
그러므로 남의 아내를 범해서는 안 된다.

(309) Four cases befall the heedless man who commits adultery; acquisition of demerit, disturbed sleep, thirdly blame, and fourthly hell. (310) There is the acquirement of demerit and bad destiny. Brief is the pleasure of the frightened man with a frightened woman. The king too gives a heavy punishment. Therefore, a man should not commit adultery.
(309) Cattāri ṭhānāni naro pamatto | āpajjatī paradārūpasevī | apuññalābhaṃ na nikāmaseyyaṃ | nindaṃ tatiyaṃ nirayaṃ catutthaṃ. (310) Apuññalābho ca gatī ca pāpikā | bhītassa bhītāya ratī ca thokikā | rājā ca daṇḍaṃ garukaṃ paṇeti | tasmā naro paradāraṃ na seve.

311 잘못 잡은 꾸사 풀잎이
바로 그 손을 베듯이
수행자의 삶도 잘못 운전되면
자신을 지옥으로 끌어내린다.

Just as kusa grass, wrongly grasped, cuts the hand, even so, a recluse's life wrongly handled drags one to hell.
Kuso yathā duggahito | hattham evānukantati | sāmaññaṃ dupparāmaṭṭhaṃ | nirayāyūpakaḍḍhati.

312 무엇이든 나태한 행위와 타락한 수행,
의심쩍은 청정한 삶,
그것은 큰 결실이 없다.

Any loose act, any corrupt observance, dubious Holy Life — that has no great fruit.
Yaṃ kiñci sithilaṃ kammaṃ | saṅkiliṭṭhañ ca yaṃ vataṃ | saṅkassaraṃ brahmacariyaṃ | na taṃ hoti mahapphalaṃ.

313 만일 해야 할 일이 있다면 그것을 하라.
온 힘을 다해서 그것을 하라.
참으로 나태한 수행자는 더욱더 먼지를 뿌린다.

If it is a thing to be done, let one do it. Perform it with all his might. Indeed, an ascetic who is lax scatters dust all the more.
Kayirā ce kayirāthenaṃ | daḷham enaṃ parakkame | sithilo hi paribbājo | bhiyyo ākirate rajaṃ.

314 악행은 짓지 않는 것이 더 좋다.
악행은 후에 고통을 준다.
선행은 하는 것이 더 좋다.
(선행은) 행하고 나서 후회하지 않는다.

An evil deed is better not done. An evil deed torments one hereafter. A good deed is better done, having done which, one does not regret.
Akataṃ dukkataṃ seyyo | pacchā tapati dukkataṃ | katañ ca sukataṃ seyyo | yaṃ katvā nānutappati.

315 안팎으로 (잘) 지켜진
국경 지방의 도시처럼 그대들 자신을 지키라.
잠시도 헛되이 보내지 말라.
기회를 흘려버린 사람들은
참으로 지옥에 넘겨져 슬퍼한다.

Like a border city, guarded within and without, so guard yourself. Let not the moment slip you by; for they, who let slip the opportunity, indeed grieve, consigned to hell.
Nagaraṃ yathā paccantaṃ | guttaṃ santarabāhiraṃ | evaṃ gopetha attānaṃ | khaṇo vo mā upaccagā | khaṇātītā hi socanti | nirayamhi samappitā.

316 부끄럽지 않은 것을 부끄러워하고,
부끄러운 것을 부끄러워하지 않는
그릇된 견해를 가진
그런 사람들은 불행한 곳으로 간다.

Those who are ashamed of what is not shameful, and are not ashamed of what is shameful, such men, embracing wrong views, go to a woeful place.
Alajjitāye lajjanti | lajjitāye na lajjare | micchādiṭṭhisamādānā | sattā gacchanti duggatiṃ.

317 두려움이 아닌 것에서 두려움을 보고,
두려움에서 두려움이 아니라고 보는
그릇된 견해를 가진

그런 사람들은 불행한 곳으로 간다.

Those who see what is not fear as fear, and see no fear in fear, such men, embracing wrong views, go to a woeful place.
Abhaye ca bhayadassino | bhaye cābhayadassino |
micchādiṭṭhisamādānā | sattā gacchanti duggatiṃ.

318 잘못이 아닌 것을 잘못으로 생각하고,
잘못에서 잘못이 아니라고 보는
그릇된 견해를 가진
그런 사람들은 불행한 곳으로 간다.

Those who regard what is not error as error, and see no error in error, such men, embracing wrong views, go to a woeful place.
Avajje vajjamatino | vajje cāvajjadassino | micchādiṭṭhisamādānā |
sattā gacchanti duggatiṃ.

319 잘못을 잘못으로 알고
잘못 아닌 것을 잘못 아닌 것으로 아는
바른 견해를 가진
그런 사람들은 행복한 곳으로 간다.

Those who know error as error and nonerror as nonerror, such men, embracing right views, go to a happy place.
Vajjañ ca vajjato ñatvā | avajjañ ca avajjato | sammādiṭṭhisamādānā
| sattā gacchanti suggatiṃ.

23장

코끼리

Nāga Vagga

320 코끼리가 전쟁터에서
활로 쏜 화살을 참아내듯이
나는 욕설을 참아내리라.
참으로 많은 사람들은 성품이 나쁘기에.

Like an elephant on the battlefield endures the arrow shot from the bow, so shall I bear with abusive language. Indeed, the majority have bad character.
Ahaṃ nāgo va saṅgāme | cāpāto patitaṃ saraṃ | ativākyaṃ titikkhissaṃ | dussīlo hi bahujjano.

321 길들여진 것(코끼리나 말)을
사람들이 모인 곳에 데려가고
왕은 길들여진 것을 탄다.
인간 가운데 욕설을 참아내는
길들여진 분이 최상이다.

They take a tamed one to a crowd; the king mounts a tamed one. Best among humans are a tamed one who endure abuse.
Dantaṃ nayanti samitiṃ | dantaṃ rājābhirūhati | danto seṭṭho manussesu | yo' tivākyaṃ titikkhati.

322 길들여진 노새도 훌륭하다.
인더스 강 유역의 명마도,
큰 상아 코끼리도 훌륭하다.
그러나 자신을 다스린 분은 더욱더 훌륭하다.

Excellent are tamed mules, so are thoroughbred horses of Sindh and noble tusked elephants; but far better is he who has trained himself.
Varam assatarā dantā | ājānīyā ca sindhavā | kuñjarā ca mahānāgā | attadanto tato varaṃ.

323 참으로 이런 교통수단(노새, 명마, 코끼리)에 의해서도
가보지 못한 곳(열반)에 갈 수 없다.
그러나 잘 절제되고 다스려진 자신에 의해
길들여진 분은 (그곳에) 간다.

Indeed, not by these vehicles could one go to the place one has never been before; but by a well-subdued and disciplined self, a tamed one goes there.
Na hi etehi yānehi | gaccheyya agataṃ disaṃ | yathā' ttanā sudantena | danto dantena gacchati.

324 '다나빨라까' 라는 상아 코끼리는
발정기에 다루기 어렵다.
묶이면 한 입도 먹지 않는다.
상아 코끼리는 코끼리 숲만 기억한다.

The tusker, named Dhanapālaka, in its rut period, is difficult to control. It does not eat a morsel when bound. The tusker remembers (only) the elephant forest.
Dhanapālako nāma kuñjaro | kaṭukappabhedano dunnivārayo | baddho kabalaṃ na bhuñjati | sumarati nāgavanassa kuñjaro.

325 게으르고, 많이 먹고, 졸고,
곡식으로 사육한 큰 돼지처럼
누워서 뒹굴 때, 이런 어리석은 사람은
반복해서 모태에 든다.

When one is torpid, gluttonous, slumberous, rolls about lying like a great hog nourished on grains, that stupid one enters the womb again and again.
Middhī yadā hoti mahagghaso ca | niddāyitā samparivattasāyī | mahāvarāho' va nivāpapuṭṭho | punappunaṃ gabbham upeti mando.

326 전에는 이 마음이 좋아하는 대로,
좋아하는 곳으로, 쾌락을 쫓아서 떠돌았다.
오늘 나는 그것을 지혜롭게 절제하리라.
코끼리 조련사가 사나운 코끼리를
갈고리 막대기로 제어하듯이.

Formerly, this mind has wandered as it liked, wherever it liked, according to its pleasure. Today I will hold it back wisely, as a mahout with the hook-goad controls a furious elephant.
Idaṃ pure cittam acāri cārikaṃ | yenicchakaṃ yatthakāmaṃ yathāsukhaṃ | tadajj' ahaṃ niggahessāmi yoniso | hatthippabhinnaṃ viya aṅkusaggaho.

327 깨어 있음을 기뻐하라.
자신의 마음을 지키라.
어려운 길에서 자신을 끌어내어라,
진흙에 빠진 상아 코끼리가 자신을 끌어내듯이.

Take delight in heedfulness. Guard your mind. Draw yourself out of the difficult road, like a tusker sunk in the mire pulls itself out.
Appamādaratā hotha | sacittam anurakkhatha | duggā uddharath' attānaṃ | paṅke sanno'va kuñjaro.

328 만일 훌륭한 삶을 사는 지혜로운 사람인,
함께 지낼 분별 있는 친구를 얻는다면
모든 위험을 극복하고, 기쁘게 그리고 주의 깊게

그와 함께 가라.

If you get a mature companion who will live with you, a wise one who leads a good life, you should go with him joyfully and mindfully overcoming all dangers.
Sace labetha nipakaṃ sahāyaṃ | saddhiṃcaraṃ sādhuvihāridhīraṃ | abhibhuyya sabbāni parissayāni | careyya ten' attamano satīmā.

329 만일 훌륭한 삶을 사는 지혜로운 사람인,
함께 지낼 분별 있는 친구를 얻지 못하면,
정복한 왕국을 떠나는 왕처럼
코끼리 숲 속의 코끼리처럼 혼자서 가라.

If you do not get a mature companion who will live with you, a wise one who leads a good life, like a king who leaves a conquered kingdom, you should go alone as an elephant in the elephant forest.
No ce labetha nipakaṃ sahāyaṃ | saddhiṃcaraṃ sādhuvihāridhīraṃ | rājā va raṭṭhaṃ vijitaṃ pahāya | eko care mātaṅg' araññe va nāgo.

330 홀로 사는 것이 더 낫다.
어리석은 자와의 교우 관계는 없다.
코끼리 숲에 있는 코끼리처럼
근심 걱정 없이, 악을 짓지 말고 혼자서 가라.

Better it is to live alone. There is no companionship with the ignorant. Let one go alone doing no evil, carefree, like an elephant

in the elephant forest.
Ekassa caritaṃ seyyo | natthi bāle sahāyatā | eko care na ca pāpāni kayirā | appossukko mātaṅg' araññe va nāgo.

331 일이 생겼을 때 벗들이 (있음은) 행복이고
모든 면에서 만족이 행복이고
생의 마지막에 공덕이 행복이고
모든 괴로움의 소멸이 행복이다.

Happy are friends when a need has arisen; happy is contentment in every way; happy is merit at the end of life, happy is the extinction of all suffering.
Atthamhi jātamhi sukhā sahāyā | tuṭṭhī sukhā yā itarītarena | puññaṃ sukhaṃ jīvitasaṅkhayamhi | sabbassa dukkhassa sukhaṃ pahānaṃ.

332 이 세상에서 어머니에 대한 공경은 행복이고
또한 아버지에 대한 공경은 행복이고
이 세상에서 사문에 대한 공경은 행복이고
또한 성자에 대한 공경은 행복이다.

Happy in this world is reverence for mother; happy too is reverence for father; happy in this world is reverence for the recluse; happy too is reverence for the brāhmaṇa.
Sukhā matteyyatā loke | atho petteyyatā sukhā | sukhā sāmaññatā loke | atho brahmaññatā sukhā.

333 늙을 때까지 계행이 행복이고
확고한 신뢰가 행복이고
지혜를 얻음이 행복이고
악을 짓지 않음이 행복이다.

Happy is virtue till old age; happy is steadfast confidence; happy is the acquisition of wisdom; happy is not to commit evil.
Sukhaṃ yāva jarā sīlaṃ | sukhā saddhā patiṭṭhitā | sukho paññāya paṭilābho | pāpānaṃ akaraṇaṃ sukhaṃ.

24장

갈애

Taṇhā Vagga

334 방일하게 사는 사람의 갈애는
말루와 덩굴처럼 자란다.
그는 이 생에서 저 생으로 뛰어 다닌다,
숲 속의 열매 찾는 원숭이처럼.

The craving of a person who lives heedlessly grows like a māluvā creeper. He jumps from life to life like a monkey seeking fruit in the forest.
Manujassa pamattacārino | taṇhā vaḍḍhati māluvā viya | so plavati hurāhuraṃ | phalam icchaṃ va vanamhi vānaro.

335 이 세상에서 이 저열한
들러붙는 갈애에 정복당한 사람은
그의 슬픔은 자란다.
비 맞은 비라나 풀처럼.

Whomsoever in this world is overcome by this base, entangled craving, his sorrows grow like well rained Birana grass.
Yaṃ esā sahatī jammī | taṇhā loke visattikā | sokā tassa pavaḍḍhanti | abhivaṭṭhaṃ va bīraṇaṃ.

336 이 세상에서 극복하기 어려운
이 저열한 갈애를 극복한 사람은
그로부터 슬픔은 떨어져 나간다.
연잎에서 물방울이 떨어져 나가듯이.

Whosoever in this world overcomes this base craving, so difficult to overcome, from him sorrows fall away like water-drops fall away from a lotus leaf.
Yo c'etaṃ sahatī jammiṃ | taṇhaṃ loke duraccayaṃ | sokā tamhā papatanti | udabindu va pokkharā.

337 나는 그대들에게 말한다.
여기 모인 그대들 모두가 편안하기를 바란다.
우시라 향을 (얻기) 위해 비라나 풀을 캐듯이
갈애의 뿌리를 캐내어라.
물살이 (강가의) 갈대를 파괴하듯이

악마가 그대들을 거듭 파괴하게 하지 말라.

This I say to you. Good luck to you all who have assembled here. Dig up the root of craving as one digs out Birana grass in order to get Usira-fragrance. Let not Māra destroy you again and again as the current of the river destroys a reed.
Taṃ vo vadāmi bhaddaṃ vo | yāvant' ettha samāgatā | taṇhāya mūlaṃ khaṇatha | usīrattho va bīraṇaṃ | mā vo naḷaṃ va soto' va | māro bhañji punappunaṃ.

338 뿌리가 다치지 않고 견고하면
나무가 잘려도 다시 자란다.
이처럼 숨어 있는 갈애가 뿌리 뽑히지 않으면
이 괴로움은 거듭 일어난다.

As long as the roots are unharmed and firm, though a tree is cut down, it grows again. Just so, when the latent craving is not rooted out, this suffering arises again and again.
Yathā'pi mūle anupaddave daḷhe | chinno'pi rukkho punar eva rūhati | evam pi taṇhānusaye anūhate | nibbattatī dukkham idaṃ punappunaṃ.

339 서른여섯 가지의[54] (갈애의) 흐름이
쾌락의 대상으로 흐르는 것이 강하면,
욕망의 물살이 잘못된 견해를 가진 자를
휩쓸어 간다.

In whom the thirty six streams (of craving) that flow towards

pleasurable objects are strong, the currents of passion carry away that man who has false view.
Yassa chattiṃsatī sotā | manāpassavaṇā bhusā | vāhā vahanti duddiṭṭhiṃ | saṅkappā rāganissitā.

340 (갈애의) 흐름은 모든 곳으로 흐른다.
(갈애의) 덩굴이 싹터서 자리를 잡는다.
자라난 덩굴을 보면
지혜로써 그 뿌리를 자르라.

The streams (of craving) flow everywhere. The creeper (of craving) sprouts and remains fixed. Seeing the creeper that has sprung up, with wisdom cut off the root.
Savanti sabbadhī sotā | latā ubbhijja tiṭṭhati | tañ ca disvā lataṃ jātaṃ | mūlaṃ paññāya chindatha.

341 존재들에게 (감각적 대상으로) 내달리는
즐거움이 생기고 갈애에 적셔진다.
그들은 좋은 기분에 묶여서 쾌락을 찾는다.
참으로 그들은 태어남과 늙음을 겪는다.

To beings, there arise pleasure that rush (towards sense-objects) and are soaked by craving. They are bound to the agreeable and seek pleasure. Indeed, they undergo birth and old age.
Saritāni sinehitāni ca | somanassāni bhavanti jantuno | te sātasitā sukhesino | te ve jātijarūpagā narā.

342 갈애에 의해 휩싸인 사람들은
덫에 걸린 토끼처럼 날뛴다.
족쇄와 속박에 묶여서
그들은 오랫동안 거듭 고통을 겪는다.

People, entwined in craving run about like an trapped hare. Held fast by fetters and bonds, they undergo suffering again and again for a long time.
Tasiṇāya purakkhatā pajā | parisappanti saso va bādhito | saṃyojanasaṇgasattakā | dukkham upenti punappunaṃ cirāya.

343 갈애에 의해 휩싸인 사람들은
덫에 걸린 토끼처럼 날뛴다.
그러므로 자기 자신의 욕망에서
벗어나고자 하는 비구는 갈애를 버려야 한다.

People, surrounded in craving run about like an trapped hare. Therefore, a bhikkhu who yearns to be his own passion-free should discard craving.
Tasiṇāya purakkhatā pajā | parisappanti saso va bādhito | tasmā tasiṇaṃ vinodaye | bhikkhu ākaṅkhī virāgam attano.

344 (갈애의) 숲[55]을 버리고,
(갈애의) 숲에서 해방된 사람이
(다시 갈애의) 숲으로 달려간다.
저 사람을 보라. (속박을) 벗어난 사람이

바로 그 속박으로 달려간다.

He who has renounced the forest (of craving), who has liberated himself from that forest, yet runs back into forest (of craving). Come, behold that person! Although once freed, he runs back to bondage itself.
Yo nibbanatho vanādhimutto | vanamutto vanam eva dhāvati | taṃ puggalam eva passatha | mutto bandhanam eva dhāvati.

345 쇠나, 나무나, 대마로 만든 것을
강한 족쇄라고 지혜로운 사람은 말하지 않는다.
보석과 장신구에 대한 지나친 집착,
자식과 아내에 대한 애착이
더 강한 족쇄이다.
346 끌어 내리고, 느슨하고, 벗어나기 어려운
이것이 강한 족쇄라고 지혜로운 사람은 말한다.
그들은 이것을 또한 잘라버리고 출가한다.
바라는 바 없이 감각적 쾌락을 버리고.

(345) That is not a strong bond, say the wise, which is made of iron, of wood, or of hemp. Excessive attachment to jewels, ornaments and affection for sons and wives are a far stronger fetter. (346)This is a strong fetter, say the wise, which drags down, is lax and is difficult to escape from. Having cut off this too, they renounce, desiring nothing and abandoning sensual pleasures.
(345) Na taṃ daḷhaṃ bandhanam āhu dhīrā | yad āyasaṃ dārujam babbajañ ca | sārattarattā maṇikuṇḍalesu | puttesu dāresu ca yā apekhā. (346) Etaṃ daḷhaṃ bandhanam āhu dhīrā | ohārinaṃ

sithilaṃ duppamuñcaṃ | etam pi chetvāna paribbajanti | anapekkhino kāmasukhaṃ pahāya.

347 스스로 만든 그물 위의 거미처럼
욕망에 빠져버린 자들은
(갈애의) 흐름에 떨어진다.
지혜로운 사람은 이것을 또한 끊고 나아간다.
바라는 바 없이, 모든 괴로움을 버리고.

They who are infatuated with passion fall back into the stream as a spider on the self-spun web. Having cut off this too, the wise proceed, desiring nothing and abandoning all suffering.
Ye rāgarattānupatanti sotaṃ | sayaṃ kataṃ makkaṭako' va jālaṃ | etam pi chetvāna vajanti dhīrā | anapekkhino sabbadukkhaṃ pahāya.

348 과거도 내려놓으라.[56]
미래도 내려놓으라.
현재도 내려놓으라.
존재의 저 언덕을 건너서
마음이 일체에서 벗어나면
그대는 또 다시 태어남과 늙음을 겪지 않으리.

Let go the past, let go the future, let go the present. Crossing to the further shore of existence, with mind released from everything, you shall not undergo birth and old age again.
Muñca pure muñca pacchato | majjhe muñca bhavassa pāragū |

sabbattha vimuttamānaso | na puna jātijaraṃ upehisi.

349 욕망이 가득하고 쾌락을 찾고
(악한) 생각으로 혼란된 사람에게
갈애는 더욱더 자란다.
참으로 그는 족쇄를 강하게 만든다.

For the person who is perturbed by (evil) thought, who is full of passion, who look for the pleasurable, craving grows more and more. Indeed, he makes the bond strong.
Vitakkapamathitassa jantuno | tibbarāgassa subhānupassino | bhiyyo taṇhā pavaḍḍhati | esa kho daḷhaṃ karoti bandhanaṃ.

350 생각을 고요히 함을 기뻐하고
(육신의) 더러움을 명상하고
항상 마음집중에 머무는 사람,
참으로 그 사람은 (갈애를) 끝장내리.
악마의 속박을 끊으리.

He who delights in allaying thoughts, who meditates on the impurity (of the body), who is ever mindful, that one, indeed will make an end (of craving). He will cut off Māra's bond.
Vitakkūpasame ca yo rato | asubhaṃ bhāvayati sadā sato | esa kho vyantikāhiti | esa checchati mārabandhanaṃ.

351 두려움이 없고, 갈애가 없고,
번뇌에서 벗어나고, 목표에 도달한 사람은

존재의 화살을 부숴버렸다.
이것이 마지막 몸이다.

He who has reached at the goal, who is fearless, devoid of craving, and who is free from moral defilements, has destroyed the arrows of existence. This is the final body.
Niṭṭhaṅgato asantāsī | vītataṇho anaṅgaṇo | acchindi bhavasallāni | antimo'yaṃ samussayo.

352 갈애가 없고, 집착에서 벗어나고,
어원학에 능통하고,
문자의 결합과 순서를 안다면
그는 참으로 마지막 몸을 가진 사람,
큰 지혜의 사람, 훌륭한 사람이라 불린다.

He who is devoid of craving, who is free from attachment, who is skilled in etymology, who would know the combination of letters and sequence, is called the bearer of the final body, a man of great wisdom, a great man.
Vītataṇho anādāno | niruttipadakovido | akkharānaṃ sannipātaṃ | jaññā pubbāparāni ca | sa ve antimasārīro | mahāpañño mahāpuriso ti vuccati.

353[57] 나는 모든 것을 정복한 자,
모든 것을 아는 자이다.
모든 것에서 더러움에 물들지 않았고,
모든 것을 버리고,

갈애의 부숨으로 해탈하였다.
스스로 깨달았거늘
누구를 (스승이라) 지적하리오.

I am the conqueror of all, I am the knower of all, I am untainted with regard all things, abandoning everything, I am liberated with the destruction of craving. Having comprehended by myself, whom shall I point out my teacher?
Sabbābhibhū sabbavidū'hamasmi | sabbesu dhammesu anūpalitto | sabbañjaho taṇhakkhaye vimutto | sayaṃ abhiññāya kam uddiseyyaṃ.

354 가르침의 보시는 모든 보시를 능가한다.
가르침의 맛은 모든 맛을 능가한다.
가르침의 즐거움은 모든 즐거움을 능가한다.
갈애의 부숨은 모든 괴로움을 극복한다.

The gift of Dhamma excels all gift. The flavor of Dhamma excels all flavor. The delight in Dhamma excels all delight. The destruction of craving overcomes all suffering.
Sabbadānaṃ dhammadānaṃ jināti | sabbaṃ rasaṃ dhammaraso jināti | sabbaṃ ratiṃ dhammaratī jināti | taṇhakkhayo sabbadukkhaṃ jināti.

355 재물은 어리석은 자를 파괴한다.
그러나 피안을 구하는 자들은 아니다.
어리석은 자는 재물에 대한 갈애로

자기 자신을 파괴한다. 마치 다른 사람을 (파괴하듯이).

Wealth destroys the ignorant, but not those who seek the beyond. Through craving for wealth, the ignorant destroys himself as if (destroying) others.
Hananti bhogā dummedhaṃ | no ve pāragavesino | bhogataṇhāya dummedho | hanti aññe' va attanaṃ.

356 밭에는 잡초가 독이다.
인간에게는 욕망이 독이다.
그러므로 욕망에서 벗어난 사람에게
보시한 것은 큰 결실을 맺는다.

For fields, weeds are the bane. For humankind, passion is the bane. Therefore, what is given to those free from passion yields much fruit.
Tiṇadosāni khettāni | rāgadosā ayaṃ pajā | tasmā hi vītarāgesu | dinnaṃ hoti mahapphalaṃ.

357 밭에는 잡초가 독이다.
인간에게는 성냄이 독이다.
그러므로 성냄에서 벗어난 사람에게
보시한 것은 큰 결실을 맺는다.

For fields, weeds are the bane. For humankind, anger is the bane. Therefore, what is given to those free from anger yields much fruit.
Tiṇadosāni khettāni | dosadosā ayaṃ pajā | tasmā hi vītadosesu | dinnaṃ hoti mahapphalaṃ.

358 밭에는 잡초가 독이다.
인간에게는 어리석음이 독이다.
그러므로 어리석음에서 벗어난 사람에게
보시한 것은 큰 결실을 맺는다.

For fields, weeds are the bane. For humankind, ignorance is the bane. Therefore, what is given to those free from ignorance yields much fruit.
Tiṇadosāni khettāni | mohadosā ayaṃ pajā | tasmā hi vītamohesu | dinnaṃ hoti mahapphalaṃ.

359 밭에는 잡초가 독이다.
인간에게는 갈망이 독이다.
그러므로 갈망에서 벗어난 사람에게
보시한 것은 큰 결실을 맺는다.

For fields, weeds are the bane. For humankind, longing is the bane. Therefore, what is given to those free from longing yields much fruit.
Tiṇadosāni khettāni | icchādosā ayaṃ pajā | tasmā hi vigaticchesu | dinnaṃ hoti mahapphalaṃ.

25장

비구

Bhikkhu Vagga

360[58]눈을 자제하는 것은 훌륭하고
귀를 자제하는 것은 훌륭하고
코를 자제하는 것은 훌륭하고
혀를 자제하는 것은 훌륭하다.

To restrain the eye is good. To restrain the ear is good. To restrain the nose is good. To restrain the tongue is good.
Cakkhunā saṃvaro sādhu | sādhu sotena saṃvaro | ghāṇena saṃvaro sādhu | sādhu jivhāya saṃvaro.

361 몸을 자제하는 것은 훌륭하고
말을 자제하는 것은 훌륭하고
마음을 자제하는 것은 훌륭하고
모든 것을 자제하는 것은 훌륭하다.
모든 면에서 자제하는 비구는
모든 괴로움에서 벗어난다.

To restrain the body is good. To restrain speech is good. To restrain the mind is good. To restrain all things is good. The Bhikkhu who is restrained in every way is freed from all suffering.
Kāyena saṃvaro sādhu | sādhu vācāya saṃvaro | manasā saṃvaro sādhu | sādhu sabbattha saṃvaro | sabbattha saṃvuto bhikkhu | sabbadukkhā pamuccati.

362 손을 삼가고, 발을 삼가고,
말을 삼가고, 최상으로 삼가는 사람,
안으로 기뻐하고, 주의 깊고,
한적하고, 만족한 사람, 그를 비구라 부른다.

He who is controlled in hand, controlled in foot, controlled in speech, who is supremely controlled; he who delights inwardly and is composed; he who is solitary and contented — him they call a Bhikkhu.
Hatthasaṃyato pādasaṃyato | vācāya saṃyato saṃyatuttamo | ajjhattarato samāhito | eko santusito tam āhu bhikkhuṃ.

363 입을 삼가는 비구, 지혜롭게 말하고, 교만하지 않고,

담마의 뜻을 설명하는 사람,
그의 말은 참으로 감미롭다.

The Bhikkhu who is controlled in mouth, who speaks wisely, who is not arrogant, who explains the meaning of the Dhamma, — sweet, indeed, is his speech.
Yo mukhasaṃyato bhikkhu | mantabhāṇī anuddhato | atthaṃ dhammañ ca dīpeti | madhuraṃ tassa bhāsitaṃ.

364 가르침에 머물고, 가르침에서 기뻐하고,
가르침을 명상하고, 가르침을 기억하는 비구는
참된 가르침에서 멀어지지 않는다.

The Bhikkhu who dwells in the Dhamma, who delights in the Dhamma, who meditates on the Dhamma, who remembers the Dhamma, does not fall away from the true Dhamma.
Dhammārāmo dhammarato | dhammaṃ anuvicintayaṃ | dhammaṃ anussaraṃ bhikkhu | saddhammā na parihāyati.

365 자신이 얻은 것을 경시하지 말라.
다른 사람을 부러워하며 살지 말라.[59]
다른 사람을 부러워하는 비구는
삼매를 얻지 못한다.

Let him not despise what he has received nor should he live envying others. The Bhikkhu who envies others does not attain Samādhi.
Salābhaṃ nātimaññeyya | nāññesaṃ pihayañ care | aññesaṃ

pihayaṃ bhikkhu | samādhiṃ nādhigacchati.

366 비록 조금 얻었더라도
비구가 얻은 것을 경시하지 않으면,
부지런하고 청정한 삶을 사는 그를
신들도 칭찬한다.

Though receiving but little, if a Bhikkhu does not despise what he has received, even the gods praise him who is pure in livelihood and is not slothful.
Appalābho' pi ce bhikkhu | salābhaṃ nātimaññati | taṃ ve devā pasaṃsanti | suddhājīviṃ atanditaṃ.

367 모든 면에서 몸과 마음에 대하여
'나의 것'이라는 생각이 없고,
없다고 해서 슬퍼하지 않는 사람,
참으로 그는 비구라고 불린다.

He who has no thought of 'sense of mine' towards mind and body in every way, he who grieves not for that which he has not, he is, indeed, called a Bhikkhu.
Sabbaso nāmarūpasmiṃ | yassa natthi mamāyitaṃ | asatā ca na socati | sa ve bhikkhū'ti vuccati.

368 붓다의 가르침에서 기뻐하고
자애로움에 머무는 비구는,

조건 지어진 것들의 고요함인 행복과
평화로운 경지(열반)를 얻으리.

A Bhikkhu who abides in loving-kindness, who takes delight in the Buddha's Teaching, would attain to that state of peace and happiness, the stilling of conditioned things.
Mettāvihārī yo bhikkhu | pasanno Buddhasāsane | adhigacche padaṃ santaṃ | saṅkhārūpasamaṃ sukhaṃ.

369 비구여, 이 배의 물을 퍼내라.[60]
물을 퍼내면 그것은 빨리 갈 것이다.
욕망과 성냄을 잘라버리면
그대는 열반에 도달하리.

Oh Bhikkhu, bail out this boat. Bailed out, it shall go quickly. Having cut away passion and anger, you shall reach Nibbāna.
Siñca bhikkhu imaṃ nāvaṃ | sittā te lahum essati | chetvā rāgañ ca dosañ ca | tato nibbānam ehisi.

370[61]다섯 가지를 잘라버리라.[62]
다섯 가지를 내버리라.[63]
다섯 가지를 특히 연마하라.[64]
다섯 가지 집착[65]의 그 너머로 간 비구는
'홍수를 건넌 사람'이라고 불린다.

Cut off the five. Abandon the five. Especially cultivate the five. A Bhikkhu who has gone beyond the five attachments is called "One

who has crossed the flood."
Pañca chinde pañca jahe | pañca c'uttari bhāvaye | pañca saṅgātigo bhikkhu | oghatiṇṇo'ti vuccati.

371 명상하라, 비구여, 방일하지 말라.
그대의 마음을 감각적 쾌락 속에서
빙빙 돌게 하지 말라.
방일하여 (뜨거운) 쇳덩이를 삼키지 말라.
불타면서 '이것은 괴로움이다.'라고 울부짖지 말라.

Meditate, O bhikkhu! Be not heedless. Let not your mind whirl on sensual pleasures. Do not swallow a red-hot iron ball, being heedless. While burning, do not cry out, "This is suffering."
Jhāya bhikkhu mā ca pāmado | mā te kāmaguṇe bhamassu cittaṃ | mā lohaguḷaṃ gilī pamatto | mā kandi dukkham idan'ti ḍayhamāno.

372 지혜가 없는 자에게 선정이 없고
선정이 없는 자에게 지혜가 없다.
선정과 지혜가 있으면
참으로 그는 열반의 가까이에 있다.

There is no concentration to him who lacks wisdom, nor is there wisdom to him who lacks concentration. With both concentration and wisdom, he, indeed, is close to Nibbāna.
Natthi jhānaṃ apaññassa | paññā natthi ajhāyato | yamhi jhānañ ca paññā ca | sa ve nibbānasantike.

373 한적한 곳으로 가서,
그의 마음이 고요하고,
담마를 선명하게 보는 비구에게
인간의 기쁨을 초월한 기쁨이 있다.

For a Bhikkhu who has retired to a lonely abode, whose mind is tranquil, who clearly perceives the Dhamma, there is a delight that transcends human's delight.
Suññāgāraṃ paviṭṭhassa | santacittassa bhikkhuno | amānusī ratī hoti | sammā dhammaṃ vipassato.

374 오온의 일어남과 사라짐을 사무치게 이해할 때,
그는 기쁨과 즐거움을 얻는다.
(이것을) 아는 이들에게
그것은 감로수이다.

Whenever one thoroughly comprehends the rise and fall of the Aggregates, he attains joy and delight. That is ambrosia for those who are discerning.
Yato yato sammasati | khandhānaṃ udayabbayaṃ | labhati pītipāmojjaṃ | amataṃ taṃ vijānataṃ.

375 여기 지혜로운 비구에게 이것이 첫 번째 (단계)이다:
'감각기관의 절제, 만족, 계본에 의한 절제,
그의 삶이 청정하고 근면한 선한 친구와의 사귐'이다.

Here, this is the first (step) for a wise Bhikkhu; control of the

senses, contentment, restraint by the Patimokkha, association with good friends whose lives are pure and who are not indolent.
Tatrāyam ādi bhavati | idha paññassa bhikkhuno: | indriyagutti santuṭṭhī | pātimokkhe ca saṃvaro | mitte bhajassu kalyāṇe | suddhājīve atandite.

376 진심으로 반기라. 행동을 바로 하라.
그로 인해 기쁨이 가득하고
괴로움을 종식할 것이다.

Let one be cordial. Let one be correct in his conduct; filled thereby with joy, he shall make an end of suffering.
Paṭisanthāravutty'assa | ācārakusalo siyā | tato pāmojjabahulo dukkhass' antaṃ karissati.

377 재스민이 시든 꽃들을 떨어뜨리듯이
그처럼 욕망과 성냄을 떨쳐버리라, 오 비구들이여!

As the jasmine sheds its withered flowers, even so, oh Bhikkhus, should you shed passion and anger.
Vassikā viya pupphāni | maddavāni pamuñcati | evaṃ rāgañ ca dosañ ca | vippamuñcetha bhikkhavo.

378 몸이 고요하고, 말이 고요하고,
마음이 고요하고, 잘 안정되어 있고
세상의 물질적인 것들을 내던져버린 비구는

참으로 '평화로운 분'이라 불린다.

A Bhikkhu, who is calm in body, calm in speech, calm in mind, who is well-composed, who has thrown out the world's material things, is truly called a "Peaceful One."
Santakāyo santavāco | santavā susamāhito | vantalokāmiso bhikkhu | upasanto'ti vuccati.

379 스스로 자신을 경책하라.
스스로 자신을 성찰하라.
자신이 지켜지고 마음집중에 머물면
오, 비구여, 그대는 행복하게 살아가리.

Censure the self by the self. Examine the self by the self. Self-guarded and mindful, oh Bhikkhu, you shall live happily.
Attanā coday' attānaṃ | paṭimāse attam attanā | so attagutto satimā | sukhaṃ bhikkhu vihāhisi.

380 참으로 자기는 자기 자신의 의지처이고
참으로 자기는 자기 자신의 안내자이다.
그러므로 상인이 훌륭한 말을 다스리듯이
자기 자신을 다스리라.

Oneself, indeed is refuge of oneself. Indeed, oneself is guide of oneself. Therefore, control yourself as a merchant controls a noble steed.
Attā hi attano nātho | attā hi attano gati | tasmā saṃ yamay' attānaṃ | assaṃ bhadraṃ va vāṇijo.

381 기쁨으로 가득하고
붓다의 가르침에 신뢰로 가득한 비구는
조건 지어진 것들의 고요함인,
행복과 평화로운 경지를 얻으리.

Full of joy, full of confidence in the Teaching of the Buddha, the Bhikkhu would attain the peaceful state, the stilling of conditioned things, the happiness.
Pāmojjabahulo bhikkhu | pasanno buddhasāsane | adhigacche padaṃ santaṃ | saṅkhārūpasamaṃ sukhaṃ.

382 참으로 나이 어려도
붓다의 가르침에 전념하는 비구는
이 세상을 비춘다,
구름에서 벗어난 달처럼.

Indeed, the Bhikkhu, though young in years, who devotes himself to the teaching of the Buddha, illumines the world like the moon freed from a cloud.
Yo have daharo bhikkhu | yuñjati buddhasāsane | so imaṃ lokaṃ pabhāseti | abbhā mutto'va candimā.

26장

브라흐마나

Brāhmaṇa Vagga

383 (갈애의) 흐름을 끊어라. 열심히 노력하라.
감각적 쾌락을 버리라. 오, 브라흐마나[66]여,
조건 지어진 것들의 부서짐을 알면
그대는 열반을 아는 자이다, 브라흐마나여!

Cut off the stream (of craving). Strive hard. Discard the sensual pleasure, Oh Brāhmaṇa. Knowing the destruction of conditioned things, Oh Brāhmaṇa, you are a knower of the Nibbāna.
Chinda sotaṃ parakkamma | kāme panuda brāhmaṇa |
saṅkhārānaṃ khayaṃ ñatvā | akataññū' si brāhmaṇa.

384 브라흐마나가 두 가지 상태
(집중과 통찰)에서 저 언덕[67]에 도달할 때
그때 이것을 아는 분의
모든 속박은 사라진다.

When, in the twofold states (concentration and insight), a Brāhmaṇa has reached the further shore, then all the fetters of that knowing one disappear.
Yadā dvayesu dhammesu | pāragū hoti brāhmaṇo | ath' assa sabbe saṃyogā | atthaṃ gacchanti jānato.

385 이 언덕(차안)도 저 언덕(피안)도
또는 두 언덕 모두 존재하지 않는 분,
두려움이 없고 속박에서 벗어난 분,
그를 나는 브라흐마나라 부른다.

For whom there exists neither the hither nor the farther shore, nor both the hither and the farther shore, he who is devoid of fear and free from fetters, — him I call a brāhmaṇa.
Yassa pāraṃ apāraṃ vā | pārāpāraṃ na vijjati | vītaddaraṃ visaṃyuttaṃ | tam ahaṃ brūmi brāhmaṇaṃ.

386 선정에 들고, 더럼이 없고,
(명상을 위해) 앉고, 할 일을 마치고,
번뇌에서 벗어나고, 최상의 목표에 도달한 분,
그를 나는 브라흐마나라 부른다.

He who is meditative, free of dirt, sitting (for meditation), he

who has done his duty and is free from defilements, he who has reached the supreme goal, — him I call a brāhmaṇa.
Jhāyiṃ virajam āsīnaṃ | katakiccaṃ anāsavaṃ | uttamatthaṃ anuppattaṃ | tam ahaṃ brūmi brāhmaṇaṃ.

387 태양은 낮에 빛나고, 달은 밤에 빛난다.
무사는 무장한 (모습)에서 빛나고,
브라흐마나는 선정으로 빛난다.
그러나 참으로 붓다는 온통 밤낮으로 광채로 빛난다.

The sun shines by day, the moon shines by night. The warrior shines in armor, the brāhmaṇa shines in meditation. But the Buddha shines, all day and all night, in splendor.
Divā tapati ādicco | rattiṃ ābhāti candimā | sannaddho khattiyo tapati | jhāyī tapati brāhmaṇo | atha sabbam ahorattiṃ | buddho tapati tejasā.

388 악을 멀리했기에 브라흐마나이며,
고요함의 삶을 살기에 사문이라 불린다.
자신의 더러움을 추방했기에
그러므로 출가자라 불린다.

Because he has kept away evil, he is a brāhmaṇa; because he lives "A life of tranquility," he is called a samaṇa. Because he dispel his own impurity, therefore, he is called a recluse.
Bāhitapāpo'ti brāhmaṇo | samacariyā samaṇo'ti vuccati | pabbājayam attano malaṃ | tasmā pabbajito'ti vuccati.

389 브라흐마나를 때려서는 안 된다.
브라흐마나는 (자신을 때린 자에게)
(성냄을) 방출해서는 안 된다.
브라흐마나를 때리는 자는 부끄러운 줄 알아라.
(그러나 성냄을) 방출하는 사람은
더욱더 부끄러운 줄 알아라.

One should not strike a brāhmaṇa. A brāhmaṇa should not vent (his wrath) to the one who has struck him. Shame on him who strikes a brāhmaṇa. More shame on him who gives vent (to his wrath).
Na brāhmaṇassa pahareyya | nāssa muñcetha brāhmaṇo | dhī brāhmaṇassa hantāraṃ | tato dhī yassa muñcati.

390 이것(해치지 않음)은 브라흐마나에게
작은 지복이 아니다.
마음이 좋아하는 것으로부터 절제할 때,
해치려는 마음이 멈출 때마다
그만큼 괴로움은 가셔진다.

It is no small well-being to a brāhmaṇa. When the mind restrain from things dear, whenever the intent to harm ceases, then and then suffering subsides.
Na brāhmaṇass' etad akiñci seyyo | yadā nisedho manaso piyehi | yato yato hiṃsamano nivattati | tato tato sammatimeva dukkhaṃ.

391 몸으로, 말로, 마음으로, 잘못 행한 것이 없고

(이) 세 가지에 의해 절제된 분,
그를 나는 브라흐마나라 부른다.

He who has not committed unwholesome deeds with the body, speech, mind, who is restrained in these three respects, — him I call a brāhmaṇa.
Yassa kāyena vācāya | manasā natthi dukkataṃ | saṃvutaṃ tīhi ṭhānehi | tam ahaṃ brūmi brāhmaṇaṃ.

392 바르게 깨달으신 분에 의해
설해진 담마를 누군가로부터 배울 수 있다면,
그에게 존경을 다해 공경해야 하리.
제관이 제식의 불을 (예배)하듯이.

From whom one would learn Dhamma taught by the Fully Enlightened One, let one pay homage to him as a brāhmaṇa pay homage to the sacrificial fire.
Yamhā dhammaṃ vijāneyya | sammāsambuddhadesitaṃ | sakkaccaṃ taṃ namasseyya | aggihuttaṃ va brāhmaṇo.

393 줄줄이 땋아 내린 머리[68]에 의해서도 아니고
혈통에 의해서도 아니고,
출생에 의해서도 브라흐마나가 되는 것은 아니다.
그 안에 진리와 담마가 있는 사람,
그는 청정한 사람이고, 그는 브라흐마나이다.

Not by Jata hair, nor by clan, nor by birth does one become a

brāhmaṇa. In whom there exist truth and dhamma, he is the pure one, he is a brāhmaṇa.
Na jaṭāhi na gottena | na jaccā hoti brāhmaṇo | yamhi saccañ ca dhammo ca | so sucī so ca brāhmaṇo.

394 그대의 땋은 머리가 무슨 소용인가, 어리석은 자여?
그대의 사슴 가죽 옷이 무슨 소용인가.
그대의 안은 (욕망의) 정글인데
그대는 바깥을 닦고 있구나.

What is the use of your wearing Jata hair, O foolish one? What is the use of your garment of deer skin? Within you is a jungle (of passion), you embellish exterior.
Kiṃ te jaṭāhi dummedha | kiṃ te ajinasāṭiyā | abbhantaraṃ te gahaṇaṃ | bāhiraṃ parimajjasi.

395 쓰레기 더미의 누더기를 입은 사람,
야위고 혈관이 드러나고
홀로 숲에서 선정에 드는 사람,
그를 나는 브라흐마나라 부른다.

One who wears rags from a dust heap, who is lean, who is with veins showing, who meditates alone in the forest, — him I call a brāhmaṇa.
Paṃsukūladharaṃ jantuṃ | kisaṃ dhamanisanthataṃ | ekaṃ vanasmiṃ jhāyantaṃ | tam ahaṃ brūmi brāhmaṇaṃ.

396 (브라흐마나) 자궁에서 태어나고,
(브라흐마나) 어머니에게서 생겼다고 해서
나는 그를 브라흐마나라 부르지 않는다.
만일 그가 세속적 집착으로 가득하다면
그는 단지 '그대여라고 말하는 자'[69]일 뿐이다.
아무것도 가진 것 없고, 집착에서 벗어난 분,
그를 나는 브라흐마나라 부른다.

I do not call him a brāhmaṇa merely because he is born of a (brāhmaṇa) womb, or sprung from a (brāhmaṇa) mother. He is merely a "bho-sayer," if he is full of worldly attachment. He who has nothing, who is free from attachment, — him I call a brāhmaṇa.
Na cāhaṃ brāhmaṇaṃ brūmi | yonijaṃ mattisambhavaṃ | bhovādi nāma so hoti | sa ce hoti sakiñcano | akiñcanaṃ anādānaṃ | tam ahaṃ brūmi brāhmaṇaṃ.

397 모든 속박을 끊어버리고,
(두려움으로) 떨지 않는 분,
집착의 그 너머로 가신 분, 묶임에서 벗어난 분,
그를 나는 브라흐마나라 부른다.

He who has cut off all fetters, who does not tremble (with fear), who has gone beyond attachment, who is unbound, — him I call a brāhmaṇa.
Sabbasaṃyojanaṃ chetvā | yo ve na paritassati | saṅgātigaṃ visaṃyuttaṃ | tam ahaṃ brūmi brāhmaṇaṃ.

398[70] 가죽 띠와 가죽 끈과 밧줄을
굴레와 함께 잘라버리고,
빗장을 들어 올린 분, 깨달은 분,
그를 나는 브라흐마나라 부른다.

Having cut off the strap and thong, rope, together with the bridle, who has lifted the bar, who is enlightened, — him I call a brāhmaṇa.
Chetvā nanddhiṃ varattañ ca | sandānaṃ sahanukkamaṃ | ukkhittapaḷighaṃ buddhaṃ | tam ahaṃ brūmi brāhmaṇaṃ.

399 욕설, 매질, 포박을 성냄이 없이 참아내는 분,
그의 강함은 인내,
(인내라는) 군대의 강함을 가진 분,
그를 나는 브라흐마나라 부른다.

He who, without anger, endures abuse, beating, and binding, whose strength is forbearance, who has an army's strength, — him I call a brāhmaṇa.
Akkosaṃ vadhabandhañ ca | aduṭṭho yo titikkhati | khantībalaṃ balānīkaṃ | tam ahaṃ brūmi brāhmaṇaṃ.

400 성냄이 없고, 의무를 다하고, 계행을 지키고,
욕망에서 벗어나고, 절제된,
최후의 몸[71]을 가진 분,
그를 나는 브라흐마나라 부른다.

He who is free from anger, who observes the duties, who is virtuous, free from passion, restrained, and has his final body, — him I call a brāhmaṇa.
Akkodhanaṃ vatavantaṃ | sīlavantaṃ anussutaṃ | dantaṃ antimasārīraṃ | tam ahaṃ brūmi brāhmaṇaṃ.

401 연꽃잎 위의 물처럼
송곳 끝의 겨자씨처럼
감각적 쾌락에 더럽혀지지 않는 분,
그를 나는 브라흐마나라 부른다.

Like water on a lotus leaf, like a mustard seed on the point of an awl, he who is not smeared with sensual pleasures — him I call a brāhmaṇa.
Vāripokkharapatte'va | āragge-r-iva sāsapo | yo na lippati kāmesu | tam ahaṃ brūmi brāhmaṇaṃ.

402 이 세상에서 자신의 괴로움의 소멸을 아는 분,
짐을 내려놓은 분,
묶임에서 벗어난 분,
그를 나는 브라흐마나라 부른다.

He who in this world knows the extinction of one's suffering, who has laid aside the burden, who is free from the bonds, — him I call a brāhmaṇa.
Yo dukkhassa pajānāti | idh' eva khayam attano | pannabhāraṃ visaṃyuttaṃ | tam ahaṃ brūmi brāhmaṇaṃ.

403 지혜가 깊고 슬기로운 분,
길과 길 아닌 것을 아는 것에 숙달된 분,
최상의 목표에 도달한 분,
그를 나는 브라흐마나라 부른다.

He whose wisdom is deep, who is wise, who is skilled in discerning the path and nonpath, who has reached the highest goal, — him I call a brāhmaṇa.
Gambhīrapaññaṃ medhāviṃ | maggāmaggassa kovidaṃ | uttamatthaṃ anuppattaṃ | tam ahaṃ brūmi brāhmaṇaṃ.

404 재가자와도 출가자와도
그 양자와의 교제를 삼가고
집 없이 살며 욕망이 없는 분,
그를 나는 브라흐마나라 부른다.

He who does not associate with both householders and homeless ones, who lives without an abode, who is without desire, — him I call a brāhmaṇa.
Asaṃsaṭṭhaṃ gahaṭṭhehi | anāgārehi cūbhayaṃ | anokasāriṃ appicchaṃ | tam ahaṃ brūmi brāhmaṇaṃ.

405 식물에게나 동물에게나
모든 존재들에게 폭력을 내려놓고,
해치지도 않고 죽이지도 않는 분,
그를 나는 브라흐마나라 부른다.

He who has put aside violence towards beings whether movable or immovable, who neither harms nor kills, — him I call a brāhmaṇa.
Nidhāya daṇḍaṃ bhūtesu | tasesu thāvaresu ca | yo na hanti na ghāteti | tam ahaṃ brūmi brāhmaṇaṃ.

406 증오하는 사람들 가운데에서 증오하지 않는 분,
폭력을 쓰는 사람들 가운데에서 평온한 분,
집착하는 사람들 가운데에서 집착하지 않는 분,
그를 나는 브라흐마나라 부른다.

He who is not hostile amongst the hostile, who is peaceful amongst the violent, who is unattached amongst those who are attached — him I call a brāhmaṇa.
Aviruddhaṃ viruddhesu | attadaṇḍesu nibbutaṃ | sādānesu anādānaṃ | tam ahaṃ brūmi brāhmaṇaṃ.

407 욕망과, 증오와, 자만과, 위선이
송곳 끝의 겨자씨처럼
떨어져 나간 분,
그를 나는 브라흐마나라 부른다.

The one from whom passion and hatred, pride and hypocrisy have fallen away, like a mustard seed from the point of an awl — him I call a brāhmaṇa.
Yassa rāgo ca doso ca | māno makkho ca pātito | sāsapo-r-iva āraggā | tam ahaṃ brūmi brāhmaṇaṃ.

408 거칠지 않고, 교훈적이고,
진실한 말을 말하는 분,
아무에게도 성나게 하지 않는 분,
그를 나는 브라흐마나라 부른다.

He who speaks speech that is true, that is instructive and not harsh, who does not offend anyone, — him I call a brāhmaṇa.
Akakkasaṃ viññāpaniṃ | giraṃ saccaṃ udīraye | yāya nābhisaje kañci | tam ahaṃ brūmi brāhmaṇaṃ.

409 이 세상에서 길거나 짧거나,
작거나 크거나, 곱거나 추하거나 간에
주지 않은 것을 갖지 않는 분,
그를 나는 브라흐마나라 부른다.

He who in this world does not take what is not given, whether long or short, small or great, fair or ugly, — him I call a brāhmaṇa.
Yo'dha dīghaṃ va rassaṃ vā | aṇuṃ thūlaṃ subhāsubhaṃ | loke adinnaṃ nādiyati | tam ahaṃ brūmi brāhmaṇaṃ.

410 이 세상과 저 세상에 대한
욕망이 없는 분, 갈망에서 벗어나고
속박에서 벗어난 분,
그를 나는 브라흐마나라 부른다.

He who has no desires regarding this world or the next world, who is free from longings, who is free from fetters, — him I call a brāhmaṇa.

Āsā yassa na vijjanti | asmiṃ loke paramhi ca | nirāsayaṃ visaṃyuttaṃ | tam ahaṃ brūmi brāhmaṇaṃ.

411 집착이 없고,
(진리를) 깨달아 의혹이 없는 분,
죽음이 없는 경지에 뛰어든 분,
그를 나는 브라흐마나라 부른다.

He who has no attachment, who is free from doubt through the realization (of truth), who has plunged into the Deathless (Nibbāna), — him I call a brāhmaṇa.
Yassālayā na vijjanti | aññāya akathaṃkathī | amatogadhaṃ anuppattaṃ | tam ahaṃ brūmi brāhmaṇaṃ.

412 여기에서 선과 악 양자를 초월한 분,
슬픔에서 벗어나고, 더럼이 없고, 청정한 분,
그를 나는 브라흐마나라 부른다.

Herein he who has transcended both good and evil, who is free of sorrow, free of dust, and pure, — him I call a brāhmaṇa.
Yo'dha puññañ ca pāpañ ca | ubho saṅgaṃ upaccagā | asokaṃ virajaṃ suddhaṃ | tam ahaṃ brūmi brāhmaṇaṃ.

413 달처럼 티가 없고, 깨끗하고,
고요하고, 동요가 없고,
존재에 대한 갈애를 소멸한 분,

그를 나는 브라흐마나라 부른다.

He who spotless as the moon, who is pure, serene, unagitated, who has extinguished craving for existence, — him I call a brāhmaṇa.
Candaṃ va vimalaṃ suddhaṃ | vippasannam anāvilaṃ | nandībhavaparikkhīṇaṃ | tam ahaṃ brūmi brāhmaṇaṃ.

414 이 진흙탕 길, 이 험한 길, 윤회, 어리석음을 건넌 분,
(그것을) 건너서 그 너머로 가신 분,
명상에 드는 분, 욕망에서 벗어나고 의혹이 없는 분,
집착이 없고 열반을 성취한 분,
그를 나는 브라흐마나라 부른다.

He who has passed over this muddy path, this difficult path, saṃsāra and delusion, he who has crossed over it and gone beyond it; he who is meditative, free from passion and doubts; he who, clinging to naught, has attained Nibbāna — him I call a brāhmaṇa.
Yo imaṃ paḷipathaṃ duggaṃ | saṃsāraṃ moham accagā | tiṇṇo pāragato jhāyī | anejo akathaṃkathī | anupādāya nibbuto | tam ahaṃ brūmi brāhmaṇaṃ.

415 이 세상에서 감각적 쾌락을 버리고
집 없이 유행하고
감각적 욕망과 존재를 부수어버린 분,
그를 나는 브라흐마나라 부른다.

He who in this world has abandoned sensual pleasures, wanders homeless, and has destroyed sensual desire and existence, — him I

call a brāhmaṇa.
Yo'dha kāme pahatvāna | anāgāro paribbaje |
kāmabhavaparikkhīṇaṃ | tam ahaṃ brūmi brāhmaṇaṃ.

416 이 세상에서 갈애를 버리고
집 없이 유행하고
갈애와 (윤회하는) 존재를 부수어버린 분,
그를 나는 브라흐마나라 부른다.

He who in this world has abandoned craving, wanders homeless, and has destroyed craving and existence, — him I call a brāhmaṇa.
Yo'dha taṇhaṃ pahatvāna | anāgāro paribbaje |
taṇhābhavaparikkhīṇaṃ | tam ahaṃ brūmi brāhmaṇaṃ.

417 인간의 속박을 버리고
천상의 속박도 초월하고
모든 속박에서 벗어난 분,
그를 나는 브라흐마나라 부른다.

He who has abandoned all haman bond and transcended the heavenly bond, who is released from all bonds, — him I call a brāhmaṇa.
Hitvā mānusakaṃ yogaṃ | dibbaṃ yogaṃ upaccagā |
sabbayogavisaṃyuttaṃ | tam ahaṃ brūmi brāhmaṇaṃ.

418 좋음도 싫음도 버리고

고요해지신 분, 번뇌에서 벗어난 분,
온 세상을 정복한 영웅,
그를 나는 브라흐마나라 부른다.

He who has abandoned likes and dislikes, who has become tranquil, who is free from defilements, the hero who has conquered the entire world, — him I call a brāhmaṇa.
Hitvā ratiñ ca aratiñ ca | sītibhūtaṃ nirūpadhiṃ | sabbalokābhibhuṃ vīraṃ | tam ahaṃ brūmi brāhmaṇaṃ.

419 모든 면에서 살아 있는 존재의
죽음과 다시 태어남을 아는 분,
집착에서 벗어난 분, 잘 가신 분,[72] 깨달은 분,
그를 나는 브라흐마나라 부른다.

He who in every way knows the death and rebirth of living beings, who is non-attached, well-gone, and enlightened, — him I call a brāhmaṇa.
Cutiṃ yo vedi sattānaṃ | upapattiñ ca sabbaso | asattaṃ sugataṃ buddhaṃ | tam ahaṃ brūmi brāhmaṇaṃ.

420 신들도, 간답바 신도, 인간들도
그의 목적지를 모르는 분,
번뇌를 부순 분, 아라한,
그를 나는 브라흐마나라 부른다.

He whose destiny neither gods nor gandhabbas nor men know,

who has destroyed defilements, and is an Arahant — him I call a brāhmaṇa.
Yassa gatiṃ na jānanti | devā gandhabbamānusā | khīṇāsavaṃ arahantaṃ | tam ahaṃ brūmi brāhmaṇaṃ.

421 과거에도 현재에도 미래에도
(집착이) 아무것도 없는 분,
아무것도 없이 집착에서 벗어난 분,
그를 나는 브라흐마나라 부른다.

He who has nothing in past, present and in future, without anything, who is free from attachment, — him I call a brāhmaṇa.
Yassa pure ca pacchā ca | majjhe ca natthi kiñcanaṃ | akiñcanaṃ anādānaṃ | tam ahaṃ brūmi brāhmaṇaṃ.

422 황소 (같은 분), 거룩한 분, 영웅, 위대한 성자,
승리자, 욕망에서 벗어난 분,
목욕재계한 분,[73] 깨달은 분,
그를 나는 브라흐마나라 부른다.

A bull, the noble, the hero, the great sage, the conqueror, the passionless, who has bathed, the enlightened, — him I call a brāhmaṇa.
Usabhaṃ pavaraṃ vīraṃ | mahesiṃ vijitāvinaṃ | anejaṃ nahātakaṃ Buddhaṃ | tam ahaṃ brūmi brāhmaṇaṃ.

423 전생을 아는 분, 천상과 지옥을 보는 분,
태어남의 마지막에 이른 분,
더 높은 지혜를 성취한 분,
모든 할 일을 해 마친 성자,
그를 나는 브라흐마나라 부른다.

He who knows his former lives, who sees heaven and hell, who has reached the end of births, who has accomplished higher wisdom, the sage who has finished all finishing — him I call a brāhmaṇa.

Pubbenivāsaṃ yo vedī | saggāpāyañ ca passati | atho jātikkhayaṃ patto | abhiññā vosito muni | sabbavositavosānaṃ | tam ahaṃ brūmi brāhmaṇaṃ.

담마빠다 이해를 위한 배경 설명

1. 빠알리(Pāli)어란 무엇인가?

부처님이 말씀하신 언어가 제자들에게 구전되어 스리랑카에서 기원전 94~80년경에 체계적으로 쓰여지게 되었다. 이렇게 쓰여진 경전의 언어를 빠알리어라 하며 빠알리어로 쓰여진 경전을 빠알리 경전이라고 한다. 그러므로 빠알리어란 초기불교 경전 언어라 할 수 있다.

현재 남방불교 국가인 미얀마, 태국, 스리랑카, 캄보디아, 라오스는 나라는 각각 다르지만, 오렌지색 가사를 입은 스님들은 빠알리어로 서로 의사소통을 하고, 빠알리어로 된 경전을 함께 합송하고 예식에도 사용한다. 빠알리어 경전 언어는 남방 불교권의 공통된 언어인 셈이다.

이 언어는 '빠알리어'라는 명칭이 붙기 전에는 마가다어(Magadhanirutti)라고 불렸다. 마가다어는 갠지스 강을 중심으로 한 마가다 지방의 언어였다. 부처님은 그 당시 가장 큰 나라였던 마가다국을 중심으로 활동하셨고 가르침을 펴셨다. 당연히 부처님은 마가다어로 가르치셨다. 빠알리어란 구전으로 전해진 부처님의 가르침인 방언이 섞인 것에 의하여 만들어진 경전 언어이다.

2. 빠알리 경전은 언제, 어디서, 어떻게 쓰여졌나?

부처님 제자들은 부처님 열반 후 3개월째에 1차 결집을, 부처님 열반 후 100년 후에 2차 결집을, 기원전 약 250년 아소까 왕 때에 3차 결집을 거치면서 구전으로 전승된 부처님의 가르침을 문자로 집대성하게 되었다. 이때는 이미 낱개로 쓰여진 경전이 있었다고 추정된다. 3차 결집 후 이웃 나라에 담마 사절단의 파견으로, 아소까 왕의 아들인 마힌다 장로는 다른 동료 네 명과 함께 스리랑카에 삼장과 주석서를 모두 가지고 가서 (부분적으로 쓰여졌다고 생각됨) 스리랑카에서 빠알리 삼장을 전승하였다. 그 후 기원전 94~80년경에 스리랑카에서 전체 빠알리 삼장을 체계적으로 집대성하게 되었다. 그러므로 빠알리 대장경은 부처님의 가르침의 전승이 그대로 전해진 경전이라 할 수 있다.

빠알리어 경전은 다섯 개의 니까야로 나누어져 있다. 그중 쿳다까 니까야(Khuddaka Nikāya)는 15개의 독립된 경으로 되어 있는데 여기에 담마빠다가 속해 있다.

3. 담마빠다의 역사, 번역, 제목, 구성, 내용, 특징

담마빠다의 역사 | 부처님 열반 후 3개월째에 1차 결집에서 합송하여 구전된 것이다. 담마빠다는 현재 존재하는 불교 경전 중 가장 오래된 경전이다. 초기 쁘라끄리뜨(prākrit: 민중어, 속어의 총칭) 담마빠다는 기원전 5~4세기에 집성되었다. 그러나 모든 게송이 다 그렇게 초기에 집성된 것은 아니다.

기원전 약 250년경의 아소까 왕은 '담마 사절단'을 여러 외국에 파견하였는데, 그중에 그의 아들 마힌다를 스리랑카에 보내어 부처님 가르침을 전파하게 하였다. 마힌다는 스리랑카에서 담마빠다를 싱할라어(Sinhalese)로 번역하고 제목 붙이기를 '담삐야(Dhampiyā)'라고 하였다. 이때만 해도 이 경전은 삼장 어디에도 속하지 않고 단독경으로 따로 존재했던 유명한 경이었다고 한다. 그러나 불행하게도 가장 최초의 이 싱할라어 본은 기원전 94~80년경에 빠알리 삼장을 편집하고 집대성하는 상황 속에서 사라지게 되었다.

번역 | 한역은 모두 네 가지가 있다. 중국에서 처음으로 오나라 유기난이 224년에 번역하였다. 그러나 빠알리 원본은 26장 423개의 게송인데, 한역은 39장 752개의 게송이 있는 것과 33장 950개의 게송이 있는 것이 있다. 원본보다 많이 첨가되었음을 알 수 있다. 내용도 한문 번역 과정에서 원문과 달라지게 되었고, 그 달라진 한문을 한글로 번역하는 과정에서 또 달라져서 많은 부분이 원

문과 일치하지 않게 되었다.

담마빠다의 서양 번역의 시초는 1855년 덴마크 학자 빈센트 파우스뵐(Vincent Fausböll)의 라틴어 번역이고, 1869년에는 독일어로 번역되어 담마빠다가 유럽에 알려졌다. 1870년 막스 뮐러(Max Mülle)는 담마빠다를 최초로 영어로 번역하였다. 1881년 영국의 리즈 데이비즈(T. W. Rhys Davids)는 빠알리성전협회(Pali Text Society)를 설립하여 빠알리 경전의 번역이 시작되었다.

이후에 수많은 나라에서 수많은 언어로 번역된 담마빠다는 그 어떤 종교 서적에도 뒤지지 않을 깊은 감명을 주며 대표적 불교 경전으로 자리매김하게 되었다. 다양한 영어 번역은 100개가 넘을 정도로 많다.

경전의 제목 | 경전의 제목인 담마빠다는 담마(dhamma)와 빠다(pada)의 합성어이다. 담마의 뜻은 아주 다양하다. 진리, 바른 행동, 설법, 도덕적 가르침, 현상, 정의, 좋은 행동, 교리, 상태, 심성, 개념, 정신적 현상, 감성, 조건, 생각, 철학, 표준, 예절, 원인, 도덕, 실천, 의무, 신념, 법칙 등의 뜻을 갖는다. 이런 여러 뜻 가운데 담마빠다에서는 많은 경우 부처님의 가르침을 의미한다. 따라서 경의 제목에서도 담마는 부처님의 가르침을 뜻한다.

그런데 담마를 한문으로 번역하여 '법(法)'이라고 한 가지 뜻으로 고정시키고 있는데, 이것은 다양한 뜻을 한 가지로만 묶어버리는 결과가 된다. 담마는 문맥에 따라 적합한 뜻을 찾아서 옮겨져야 할 것이다. 아니면 번역하지 말고 그냥 '담마'로 표기하는 것이 오히려 더 정확할 것 같다.

빠다(pada)는 크게 두 가지 뜻으로 볼 수 있다. 첫째는 말과 관련된 것으로 '말(말씀), 게송, 문장, 시의 절, 단어' 등의 뜻이고, 둘째는 발과 관련된 것으로 '발, 발자국, 자취, 길, 위치, 장소' 등의 뜻이다.

그래서 담마빠다의 적합한 번역은 '가르침의 게송, 진리의 길, 진리의 말씀'이다.

구성 | 담마빠다는 423개의 게송으로 되어 있으며 각 게송들은 같은 주제끼리 모아 26개의 장으로 나누어져 있다. 담마빠다의 게송은 다른 니까야들이나, 율장의 마하왁가와 쭐라왁가의 내용과 같거나 비슷한 것도 있다.

내용 | 이론이 아닌, 일상의 삶에 도움이 되고 정신적인 위안을 주는 샘물 같은 내용들이다. 바르지 못한 삶에는 채찍으로 일깨우고 바른 삶을 살라고 강조한다. 도덕과 윤리적인 숭고함, 인간 삶에 대한 현실 직시의 접근, 괴로움에서 벗어나는 직선적이고 분명한 가르침 등은 가히 손색없는 온 인류의 빼어난 고전임에 틀림없다. 담마빠다는 불교라는 테두리에 갇히지 않는다. 그래서 온 인류의 행복을 위한 책이다.

공덕의 중요성, 악행은 나쁜 과보를 받고 선행은 좋은 과보를 받는다는 인과응보의 사상이 지배적이고, 윤회에서의 해방을 강조한다. 또한 집착을 하지 않는 것, 감각기관을 절제하는 것, 가르침을 실천하는 것, 탐, 진, 치를 버리고 악을 짓지 않는 것, 자기 자신의 절제, 깨어 있음, 업, 5계의 가르침, 보시와 베풂의 공덕, 깨달은 아라한과 부처님의 찬탄 등의 내용도 들어 있다. 다른 니까야에 비해 담마빠다는 제자들인 비구들에게 많은 부분 설해진 것들이다.

특징 | 가장 순수하고, 쉽고, 기본적이고, 근본적인 윤리적 가르침의 모음이다. 매 게송은 진리의 정수로 응축되어 있어 단순하고 짧은 게송 속에 감동적인 뜻을 담고 있다. 내용이 마치 격언이나 금언처럼 보편타당성이 있는 진리의 가르침이기에 성별, 나이, 종교, 직업, 학식, 지위를 초월하여 어느 누구에게나 감동을 준다. 부처님의 심오한 지혜와 통찰력, 폭넓은 사유와 바른 견해를 볼 수 있다.

짧지만 지혜로 가득 찬 게송, 번쩍이는 통찰력, 심오한 깊이의 표현 등으로 인해 담마빠다는 초기불교 경전에서 빼어난 걸작으로 알려져왔다. 그래서 이 책을 읽으면 깨달음의 지혜를 얻으며, 해탈의 기쁨을 맛본다. 부피는 작지만 부처님의 핵심 가르침을 두루 포함하고 있다. 이론이 아닌 실제 삶과 연관된 바른 삶의 지혜와 통찰력을 얻을 수 있는 나침반과 같은 경전이기에 모든 이들의 필독 교양서라 할 수 있다. 2,500여 년 전의 부처님의 말씀이 시대와 공간을 초월하여 온 인류에게 감명을 주고 있다.

4. 담마빠다의 주석서

주석서의 구성 | 담마빠다의 주석서는 423개 게송에 대한 간단한 주석과 장문의 이야기들이 차지하고 있다. 423개 게송에 대한 305개의 이야기가 실려 있다. 담마빠다 게송은 423개인데, 각각의 게송마다 이야기들이 첨가된 것이 아니고 뜻이 비슷한 연속된 게송은 게송 두 개에 이야기 한 개 또는 게송 세 개에 이야기 한 개가 첨가되기도 하였다. 먼저 산문체의 기다란 이야기를 한 후에 말미에 이 이야기와 관련이 있는 게송을 넣었다. 각 이야기의 전개를 보면, 이 게송이 설해진 연유를 말하고 각 게송에 맞는 이야기를 전개하고 맨 끝에 "그래서 이런 게송을 부처님께서 말씀하셨다."로 끝을 맺는다.

그런데 분명한 것은 맨 끝에 붙여진 각각의 (423개) 게송의 중요성을 인식해야 한다는 것이다. 게송들이 주석서의 기다란 이야기들에 묻혀버려서는 안 될 것이다. 주객이 전도되어서는 안 된다.

주석서의 설명 내용 | 어떤 설명은 너무 이론적이고 현란한 철학적 논리를 전개하여 오히려 단순 소박한 게송을 어렵게 만드는 경우도 있다. 그래서 진짜 핵심을 혼동시키는 경우도 있다.

물론 주석서를 쓸 당시 빠알리 경전에 정통한 여러 스리랑카 장로 비구들과 싱할라어 주석서들을 참고했을 것이다. 그러나 주석서는 결국 개인의 생각과 지식의 한도 내에서 나오는 작품일 것이다. 그러므로 주석서를 100퍼센트 그대로 따르는 것도 문제가 있는 것 같다. 주석이 붙여지기 이전의 원문 뜻을 숙고하는 것도 중요한 것 같다.

주석서의 이야기 내용 | 이야기 내용은 전설이나 민속, 습속, 부처님과 비구들에 관련된 이야기들부터 부처님과 왕이나 사람들과 관련된 이야기들, 동물들을 의인화한 이야기들, 전생담, 인연담, 승가에 전해져오는 이야기들까지 다양한 이야기들로 구성되어 있다. 그러나 이야기들은 현실성이 없는 신화나 전설적인 내용이 많아 신뢰도가 떨어진다. 신화나 전설은 현실과는 거리가 먼 과장된 내용들이 많다.

담마빠다 주석서의 저자 | 저자는 5세기에 살았던 인도의 가장 탁월한 빠알리 경전의 주석가인 붓다고사(Buddhaghosa)로 알려져 있다. 그러나 붓다고사가 담마빠다의 주석서 저자가 아니고, 단지 그가 너무나 탁월한 주석가이기 때문에 그의 이름을 빌렸다는 견해도 있다.

5. 담마(Dhamma)의 뜻

빠알리 경전에서는 '담마를 설하셨다, 부처님이 가르치신 담마, 담마는 잘 설해졌다, 의미를 갖춘 담마, 붓다 담마 승가, 담마의 바퀴' 등 부처님의 가르침은 모두 '담마'로 표현하고 있다. 이 경우는 '가르침'이라고 번역하는 것이 합당할 것이다.

그런데 어떤 경우는 가르침이라는 의미보다 진리나 우주 현상, 대상, 바른 길 등 광범위한 함축을 가지고 있기 때문에 담마를 '가르침'이라는 한 단어에 국집할 수는 없다. 그래서 가르침이라는 한 단어에 한정하기보다는 그냥 '담마'로 번역하는 것이 좋을 것 같다.

담마를 '법(法)'이라고 한역하고, '부처님의 담마'를 '불법'으로, '붓다, 담마, 승가'를 '불법승'으로, '담마의 바퀴'를 '법륜'으로 한역하고 있다. 그러나 '법'이라는 번역은 의미가 한정돼 있어 '담마'의 뜻을 명쾌하게 드러내지 못한다.

담마의 원류는 부처님 이전부터의 '바른 의무나 덕성스러운 길'의 뜻을 갖는 인도의 정신적이고 종교적인 용어이다. 담마는 인도철학을 통하여 우주의 진리나 최상의 실체 등을 설명하기 위해 사용되었다. 인도의 고유 종교인 힌두교, 자이나교, 불교, 시크교 등은 모두 담마라는 용어를 사용하고 있다.

담마의 넓은 의미로는 바른 행동, 도덕적 가르침, 우주적인 법칙, 교리, 상태, 도덕적 행위, 현상, 정의, 대상, 개념, 진리, 바른 길, 교훈, 성질, 조건, 요소, 본성 등 다양하다. 부처님은 이런 다양한 훌륭한 뜻을 지닌 용어인 담마를 채용하여 당신의 가르침을 표현할 때 담마라고 하였다.

그래서 좁은 의미로는 '부처님의 가르침'이라고 할 수 있으나 그 함축적 의미는 이런 다양한 훌륭한 뜻이 내포되어 있다고 할 수 있다. 이와 같이, '담마'의 뜻은 하나로 한정할 수 없음이 분명하며, 따라서 문장의 뜻과 문맥에 따라서 함축된 의미 중에서 더 합당한 뜻을 찾는 것이 담마를 바르게 이해하는 길일 것이다.

주석

1) yamaka(야마까)는 '한 쌍'이란 뜻이다. 게송 두 개가 같은 뜻이지만 각각 선과 악을 말하는 한 쌍을 이루고 있다.

2) dhamma(담마)는 가르침, 진리, 현상, 법, 바른 행동, 것, 교리, 상태, 정의, 교훈, 본성 등 다양한 뜻을 갖는다. 부처님은 이런 좋은 뜻을 가진 '담마'를 당신의 가르침을 표현할 때 사용하셨다. 빠알리 경전은 담마의 경전이라 할 만큼 모든 가르침은 '담마'로 표현되어 있다. 그래서 많은 경우 담마는 붓다의 가르침을 말한다고 할 수 있다. 이 게송에서는 '것'으로 번역했다.

3) '깨어 있음'은 appamāda(압빠마다)의 번역이다. 뜻은 생각이 깊음, 신중함, 조심, 경계와 같이 정신을 바짝 차리고 일어나는 현상에 주의를 기울이고 깨어 있는 정신을 말하고 있다.

4) '불사(不死)'로 옮긴 amata(아마따)는 영생한다는 뜻이 아니고 '열반'을 뜻한다. 열반의 경지는 다시 윤회하여 태어남이 없으니 죽음도 없기 때문이다.

5) '열반'은 nibbāna(닙바나)의 번역으로 불이 꺼져버린 상태, 욕망, 증오, 어리석음이 다 꺼져버린 상태, 정신적 행복, 안온함, 해방, 승리, 평화, 구원, 축복 등의 뜻이 있다.

6) sekha(세카)는 아라한(깨달은 자)에는 아직 도달하지 못한, 아직 배우는 수행자를 말한다.

7) 요자나(yojana)는 길이의 단위로 1요자나는 약 11.2킬로미터로 알려져 있으나, 다른 견해도 있다.

8) '한적함'으로 번역한 viveka(위웨까)는 영국 '빠알리성전협회의 빠알리사전(The Pali Text Society's Pali-English dictionary)'에 "detachment(무집착), loneliness(고독함), separation(떠남), seclusion(격리, 한적함)"으로 정의되어 있다. 그런데 한국말 번역어로는 적당한 것이 없어 '한적함'으로 번역했다. 니까야에 많이 등장하는 이 말은 붓다가 제자들에게 준 수행의 큰 주제로, 홀로 있음, 침묵 속에 정신을 집중하여 마음챙김에 머물고 번뇌를 물리침을 뜻한다.

9) 충고하고 가르치는 사람.

10) Dhammapīti(담마삐띠)는 '담마(Dhamma)를 마시는 사람'이란 뜻인데, 부처님의 가르침을 듣고 온전히 마음 깊이 환희심으로 받아들여 이해하는 사람을 말한다.

11) 주석 2번을 보시오.

12) 저 언덕은 윤회를 벗어난 것을 말하며, 이 언덕은 윤회에서 헤매는 것을 말한다.

13) '어두운 것(Kaṇhaṃ dhammaṃ)'이란 악한 행위를 말하며, '밝은 것(sukkaṃ)'이란 선한 행위를 말한다.

14) Arahanta(아라한따)는 '~을 받을 만한'이라는 현재분사형으로, 아라한을 말한다. Arahant(아라한뜨)는 명사형으로 '아라한'으로 한역되었다. 아라한은 열반을 성취하는 네 가지 단계 중 가장 마지막 단계로, 열반을 성취한 성자를 말한다. 그는 모든 것을 초월하고 평정에 이른 성자이다. 부처님도 아라한이시다.

15) gataddhino(가땃디노)는 '여정을 완전히 마친 사람'이라는 뜻으로 아라한을 말한다. 윤회에서 벗어난 성자, 악의, 고뇌, 괴로움, 탐, 진, 치 등의 모든 번뇌에서 완전히 벗어나 깨달음을 성취한 성자를 말한다.

16) 땅은 온갖 오물을 버려도 대적하지 않는다. 성문 앞의 인드라의 기둥도 흔들림 없이 굳건히 서 있다.

17) akata(아까따)는 '만들어진 것이 아닌, 자연의, 무위의'라는 뜻인데, 열반은 어느 누구에 의해서도 만들어지지 않은 것이라고 한다.

18) 아라한의 경지인 깨달음의 종국에는 선악을 모두 초월해버리기 때문이다.

19) 욕망이나 소망까지도 이미 다 버려 평정에 이른 아라한을 말한다.

20) deva(데와)는 일반적인 신들의 호칭, gandhabba(간답바)는 노래와 춤을 추는 신, Māra(마라)는 악마, Brahmā(브라흐마)는 신들 중에서 최고신(범천으로 해석됨)이다. 자신을 절제하고 이기는 사람은 모든 신들, 심지어 최고신까지도 어쩔 수 없다는 내용으로, 바른 수행자를 찬탄하는 구절이다.

21) sahassa(사핫사)는 '1천'을 뜻한다. 위의 문맥에서는 1천 까하빠나(kahāpaṇa: 동전으로 된 당시 화폐)를 말한다.

22) ujjugata(웃주가따)는 '똑바로 걷는, 올바른 삶'이란 뜻으로, '올바로 걷는 분'은 바른 길을 간 분, 해탈한 분, 성자(아라한)를 말한다. 이런 분들의 수행 공덕의 힘이 크기 때문에 이런 분들께 예경하는 공덕이 더 크다는 가르침이다.

23) 일어남과 사라짐이란 이 세상 우주만물이 생겼다가 사라지는 무상의 도리를 말한다.

24) 출가 비구가 누더기를 입어야 훌륭하다는 선입관이 있었기에, 가사가 좋든 어떻든 바른 수행 정신이 있다면 그는 훌륭한 수행자라는 뜻이

다. 브라흐마나는 당시 최고 계급인 제관이고, 사마나는 출가 수행자의 호칭으로 '사문'이라 번역된다. '비구'는 남자 출가승을 말한다.

25) '선한 분(santo)'이란 부처님들을 말한다. 부처님들이 아라한이나 지혜로운 이에게 전하기 때문이란 뜻이다.

26) '집 짓는 이'에서 집은 갈애와 집착에 의해 형성된 윤회하는 몸을 말한다.

27) 세 가지란 밤을 셋으로 나눈 것이다. 초경은 오후 6시~오후 10시, 중경은 오후 10시~오전 2시, 후경은 오전 2시~오전 6시이다.

28) sotāpattiphala(소따빳띠팔라)란 '진리의 흐름에 들어서는 자의 결실'을 말한다. 소따빳띠(sotāpatti: 예류과)는 '흐름에 들어섬'이란 뜻으로, 열반에 이르는 성자의 첫 번째 단계로 진리의 흐름에 들어섬을 말한다.

29) Buddha(붓다)는 인도 까삘라 국의 왕자로 태어나 29세에 출가, 35세에 깨달음을 이루고, 80세에 열반에 드셨다. 붓다는 '깨달은 사람'이란 뜻이며, '진리에 대한 지혜에 의하여 신과 인간과 모든 존재 가운데서 가장 으뜸인 사람'을 붓다라고 말한다. 불(佛), 부처님으로 한역된다.

30) 번뇌의 자취가 있어야 악마가 유혹의 미끼를 던지는데 번뇌의 자취조차 없으니 유혹할 길이 없다.

31) taṇhā(딴하)는 '갈애'로 번역되며 결코 채워지지 않는, 끝이 없는 인간의 근원적인 욕망의 갈증을 말한다.

32) 주석서에는 이 내용이 출가를 의미하는 것이 아니라 세속의 탐, 진, 치 등의 더러움을 떠난 해탈의 기쁨을 말한다고 되어 있다.

33) 붓다가 복수인 이유는 다음과 같다. 부처님 전생담에 의하면 사까무니 부처님 같이 훌륭한 분이 저절로 현생에 태어난 것이 아니고, 헤아릴 수 없는 과거세에 이미 여섯 분의 부처님이 대를 이어 수행을 하고 공

덕을 쌓아, 드디어 현생에 일곱 번째로 사꺄무니 부처님이 태어났다는 것이다.

34) pātimokkha(빠띠목카)는 계본을 말한다. 스님들은 한 달에 두 번씩 함께 모여 계율을 기록한 계본을 외우고 수행을 점검하고 바로 세운다. 포살 예식에서 외우는 것이 계본이다.

35) khandha(칸다)는 '무더기, 덩어리, 모음'이란 뜻으로, 우리 몸은 육신과 느낌, 지각, 형성, 의식의 다섯 가지로 되어 있는데 이 다섯 가지는 괴로움을 일으키는 창구와 같다. 이 몸이 있기 때문에 괴로움이 온다. 집착과 미움의 느낌이 있기에 괴로움이 따른다. 그러므로 칸다를 가장 큰 괴로움이라고 한다. 이런 이유에서 칸다를 '몸'으로 의역했다. '다섯 무더기(pañcakkhadha)'는 '오온'으로 한역된다.

36) saṅkhārā(상카라)는 문맥에 따라 다양한 뜻이 있다. 여기서는 '형성'을 뜻하며, 우리 몸은 다섯 가지가 모여 형성된 것이기에 '몸'으로 의역했다. 상카라와 칸다는 오온을 말할 때 쓰인다.

37) uddhaṃsota(웃당소따)는 '흐름을 거슬러 가는 자'라는 뜻으로 열반에 이르는 단계 중 '다시 돌아오지 않는 자'의 단계인 anāgāmi(아나가미)를 말한다. 윤회의 세상에 다시 돌아오지 않는다는 의미이며, 아라한이 되기 전 단계인 세 번째 단계에 이른 사람을 일컫는다.

38) 열반을 뜻한다. 열반을 성취하면 더 이상 윤회의 삶인 태어남이 없으니 죽을 일도 없다.

39) 주석서에 의하면, 재가 신도인 아뚤라는 500명의 신도를 데리고 가르침을 듣기 위해 레와따 존자에게 갔는데 레와따 존자는 아무것도 설해주지 않았다. 화가 난 아뚤라는 사리뿟따 존자에게 갔는데 사리뿟다 존자는 아비담마(경을 조직적으로 설명한 것) 교리를 장황하게 설하였다. 아뚤라는 다시 아난다 존자에게 갔는데 아난다 존자는 가르침을

쉽고 짤막하게 설하였다. 그러나 이에도 만족하지 못하고 다시 부처님에게 가서 모든 존자들에게 만족할 수 없어서 왔다고 하니 부처님은 왕도, 깨달은 붓다도 누구는 비난하고 누구는 칭찬한다고 하시면서 위의 게송을 설하셨다.

40) 섬은 바다 가운데 안전한 곳이다. 바다 가운데서 섬을 빼고는 안전하게 의지할 곳이 없듯이, 자기 자신을 빼고 안전하게 의지할 사람은 아무도 없다. '자신을 섬으로 삼으라'는 구절은 자기 자신에 의지하라는 가르침이다.

41) 탁발에서 다른 비구는 좋은 음식과 음료를 받고 자기는 그렇지 못함을 시기하는 것을 뜻한다.

42) 붓다의 가르침에는 열반에 이르는 네 가지 단계가 있고 각각의 단계를 성취한 성자들이 있고 열반을 성취한 아라한 성자가 있지만, 다른 수행자들 그룹에는 이런 네 가지 단계의 성자들이 없다는 뜻이다.

43) papañca(빠빤짜)는 '착각, 환상, 들러붙음, 장애'를 뜻한다. 환상과 착각에서 쓸데없는 여러 잘못된 이론들을 왈가왈부하는 것도 희론이며, 이는 바른 견해의 장애라 할 수 있다.

44) tathāgatā(따타가따)는 '여래'로 한역된다. 부처님 별칭이며 문자적인 뜻은 '이와 같이 오신 분'이다. '진리를 통해 승리한 분'이란 뜻도 있다.

45) thera(테라)는 덕 높은 비구에 대한 존칭이다. '장로'라고 번역되나 원어대로 '테라'가 합당하다.

46) samaṇa(사마나)는 '사문'으로 번역된다. 출가 비구를 말한다.

47) 양쪽에 저울 바구니가 달려 있는데 그 가운데를 들어 양쪽을 균형 잡는다. 이때 균형 잡기 위해 덜어내는 것은 악이고 더 얹어놓는 것은 좋은 것을 선택한다는 말이다.

48) 붓다의 가르침 가운데 가장 대표적인 가르침은 사성제와 팔정도이다. 이 가르침은 보편타당한 우주적인 진리이다. '눈'은 밝은 지혜의 눈을 가진 붓다를 말한다.

49) 자신의 안에 있는 탐욕, 성냄, 어리석음, 시기, 교만 등 모든 나쁜 성향을 악마로 표현한 것이다. 이 가르침이 빼어나기 때문에 이런 나쁜 성향들이 설 자리를 잃고 결국 사라진다는 내용이다.

50) 게송 277~279는 삼법인(三法印: 제행무상, 제법무아, 일체개고)의 가르침이다.

51) 숲과 덤불은 욕망과 갈애 같은 나쁜 것들을 말한다.

52) 게송 294와 295는 비유적인 과격한 표현보다는 담마빠다 주석서에 의거해 뒤에 숨은 뜻을 고려하여 의역했다.

53) Gotama(고따마)는 부처님의 종족의 성씨이다.

54) 서른여섯 가지는 눈, 귀, 코, 혀, 몸, 마음의 여섯 감각기관과 그 대상과의 관계에서 일어나는 갈애의 현상들이다.

55) 여기서 '숲'이란 가정생활을 말한다. 출가 후 다시 가정으로 돌아감을 뜻한다.

56) Muñca(문짜)는 '놓아주라, 버리라, 포기하라'의 뜻인데 움켜잡지 말고 놓아버리라는 뜻이다.

57) 이 게송은 부처님이 깨달음을 이루고 최초로 가르침을 전하러 가는 도중 우빠까를 만나 하신 말씀이다.

58) 게송 360과 361에서 눈이나 몸 등은 원문대로 하면 표현이 부자연스러워 품사를 변형하고 어순도 모두 일치하게 번역했다.

59) 붓다 당시는 탁발에 의존하였기에 다른 사람이 얻은 탁발 음식과 자신의 것을 비교하지 말라는 뜻이다.

60) 배는 육신을, 물은 나쁜 생각들을 뜻한다.

61) 여기 나오는 다섯 가지의 각각은 빠알리 경전에 나오는 내용에 따라 주석자들이 추정하여 설정한 것이다.

62) 다섯 가지 하부결박을 말한다. 즉 자아 착각, 의심, 잘못된 의례, 감각적 욕망, 증오이다.

63) 다섯 가지 상부결박을 말한다. 즉 물질계에 대한 집착, 비물질계에 대한 집착, 자만, 흥분, 어리석음이다.

64) 다섯 가지 능력을 말한다. 즉 믿음, 마음집중, 정진, 삼매, 지혜이다.

65) 다섯 가지 속박을 말한다. 즉 욕망, 성냄, 어리석음, 교만, 잘못된 견해이다.

66) brāhmaṇa(브라흐마나)는 붓다 당시 제관의 명칭이다. 그들은 출생과 가문을 내세워 최상의 계급으로 자처했다. 그러나 붓다는 이런 개념을 깨고, 브라흐마나라는 명칭을 받는 자격, 즉 최상이 되는 것은 출생이나 가문이 아니라 바른 삶을 사는 사람이라고 천명했다. 26장 전체에서 브라흐마나는 아라한의 성품과 자질을 그대로 말하고 있다. 즉 이 단어는 아라한에 대한 설명이며, 나아가서 부처님의 성품을 말한다. 최고로 훌륭한 브라흐마나는 아라한과 다름이 없음을 의미한다.

67) '저 언덕(pāra)'은 이상경인 열반의 경지를 말한다.

68) jaṭā(자따)는 고행자들이 긴 머리를 줄줄이 땋아 늘어뜨리거나, 머리 위로 감아올리거나 하는 것이다. 이런 머리를 신성시한다.

69) Bhovādi(보와디)는 브라흐마나가 집착에 차 있다면 브라흐마나라고 불릴 자격이 없고 단지 '그대여' 정도로 불려야 한다는 뜻이다.

70) 주석서에 의하면 가죽 띠는 증오, 가죽 끈은 갈애, 밧줄은 잘못된 견해, 빗장은 어리석음을 비유한다.

71) '최후의 몸'이란 더 이상 윤회하지 않는다는 뜻이다.

72) sugata(수가따)는 '바른 길로 잘 가신 분'이란 뜻으로, 붓다의 열 가지 명칭 중의 하나이다.

73) nahātaka(나하따까)는 '목욕을 한 사람'이란 뜻으로, 목욕하여 깨끗한 사람처럼 번뇌나 악한 것들을 씻어버린 분이란 뜻이다.

일아 (一雅)

일아 스님은 서울여자대학교를 졸업하고 고등학교 교사를 역임하였으며, 가톨릭 신학원을 졸업하였다. 조계종 비구니 특별선원 석남사에서 법희 스님을 은사스님으로 출가하였다. 운문승가대학을 졸업하였고, 태국 위백아솜 위빠사나 명상 수도원과 미얀마 마하시 위빠사나 명상 센터에서 2년간 수행하였다.
미국 New York Stony Brook 주립대학교 종교학과를 졸업하였다. University of thc West 비교종교학과 대학원을 졸업하고 동 대학원에서 철학박사 학위를 받았다. LA Lomerica 불교대학 교수, LA 갈릴리 신학대학원 불교학 강사를 지냈다.
박사 논문으로 「빠알리 경전 속에 나타난 부처님의 자비사상」이 있다. 역서에 『한 권으로 읽는 빠알리 경전』과 『빠알리 경전에서 선별한 행복과 평화를 주는 가르침』과 『빠알리 원전 번역 숫따니빠따』가 있고, 저서에 『아소까: 각문과 역사적 연구』, 『우리 모두는 인연입니다』, 『부처님은 어디에서 누구에게 어떻게 가르치셨나: 빠알리 니까야 통계분석 연구』가 있다.

빠알리 원전 번역

담마빠다

2014년 2월 21일 초판 1쇄 발행
2025년 6월 25일 초판 10쇄 발행

옮긴이 일아
발행인 박상근(至弘) • 편집인 류지호 • 편집이사 양동민
편집 김재호, 양민호, 김소영, 최호승, 정유리, 이란희, 이진우 • 디자인 쿠담디자인
제작 김명환 • 마케팅 김대현, 김대우, 이선호, 류지수 • 관리 윤정안
콘텐츠국 유권준, 김희준
펴낸 곳 불광출판사 (03169) 서울시 종로구 사직로10길 17 인왕빌딩 301호
대표전화 02) 420-3200 편집부 02) 420-3300 팩시밀리 02) 420-3400
출판등록 제300-2009-130호(1979. 10. 10.)

ISBN 978-89-7479-045-5 (03220)
값 14,000원